"十四五"高职院校财经精品系列教材

高职毕业设计指导手册

（财经商贸类）

主　编/张晓军　　邓　华

副主编/朱碧琴　　王金艳　　骆金鸿

　　　　唐　静　　周　玮

产教融合　　　校企合作

工学结合　　　知行合一

西南财经大学出版社

中国·成都

图书在版编目(CIP)数据

高职毕业设计指导手册.财经商贸类/ 张晓军,邓
华主编;朱碧琴等副主编.--成都:西南财经大学
出版社,2025.1. --ISBN 978-7-5504-6542-8

Ⅰ.G642.477

中国国家版本馆 CIP 数据核字第 20257CT564 号

高职毕业设计指导手册(财经商贸类)

GAOZHI BIYE SHEJI ZHIDAO SHOUCE(CAIJING SHANGMAOLEI)

主　编　张晓军　邓　华

副主编　朱碧琴　王金艳　骆金鸿　唐　静　周　玮

策划编辑:王　琳

责任编辑:向小英

责任校对:杜显钰

封面设计:墨创文化　张姗姗

责任印制:朱曼丽

出版发行	西南财经大学出版社(四川省成都市光华村街55号)
网　　址	http://cbs. swufe. edu. cn
电子邮件	bookcj@ swufe. edu. cn
邮政编码	610074
电　　话	028-87353785
照　　排	四川胜翔数码印务设计有限公司
印　　刷	郫县犀浦印刷厂
成品尺寸	185 mm×260 mm
印　　张	14.125
字　　数	336 千字
版　　次	2025 年 1 月第 1 版
印　　次	2025 年 1 月第 1 次印刷
印　　数	1— 3000 册
书　　号	ISBN 978-7-5504-6542-8
定　　价	39.80 元

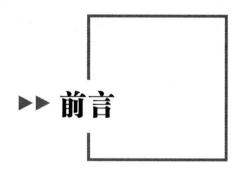

▶▶ 前言

党的二十大报告提出"推进职普融通、产教融合、科教融汇，优化职业教育类型定位"，为现代职业教育改革发展指明了方向。

毕业设计是高职高专院校各专业必修的综合性实践课程，是体现人才培养特色和增强学生专业能力综合训练的重要教学环节，是学生毕业资格认定的重要依据。为了让毕业设计工作更加规范化、标准化，我们根据教育部发布的《高职高专专业教学标准》以及《湖南省关于加强新时代高等职业教育人才培养工作的若干意见》《关于印发〈关于加强高职高专院校学生专业技能考核工作的指导意见〉〈关于进一步加强高职高专院校学生毕业设计工作的指导意见〉的通知》的要求，进行了高职财经商贸类毕业设计指导的研究实践。

本书由毕业设计组织管理、毕业设计的撰写、毕业设计答辩、毕业设计标准、大数据与会计专业毕业设计示例、市场营销专业毕业设计示例、现代物流管理专业毕业设计示例和金融科技应用专业毕业设计示例八个部分构成。聚焦围绕高职财经商贸教育为企业和社会中介机构培养"高素质技术技能型财经商贸人才"的总体思路，详细地介绍了毕业设计组织管理，提供了毕业设计工作过程的相关表格样式，开发了一系列具有实用价值的毕业设计选题，合理设计了解决问题的毕业设计任务书，形成了高质量的毕业设计作品。特别是书中提供了十余个财经商贸类专业毕业设计示例，包括毕业设计任务书、毕业设计方案等内容，供学生参考使用，具有较强的现实意义。

本书由湖南环境生物职业技术学院资助出版，湖南环境生物职业技术学院张晓军、邓华担任主编，湖南环境生物职业技术学院朱碧琴、王金艳、骆金鸿、唐静、周玮担任副主编。具体编写分工如下：张晓军编写第一章，邓华编写第二章，朱碧琴编写第三章，郑家钱编写第四章，周玮编写第五章，王金艳编写第六章，骆金鸿编写第七章，唐静编写第八章，全书由邓华完成统稿定稿工作。

在本书编写过程中，我们参考了大量文献资料，未能一一列明来源。在此，我们向这些文献的作者表示诚挚的谢意。同时，在本书编写过程中，我们得到了京东集团华中区运营总监吴章涛、湖南子春初十有限责任公司总经理王安永的指导与帮助，在此一并致以由衷的感谢。由于编者水平有限，书中可能存在疏漏与不当之处，敬请专家和读者批评指正。

张晓军　邓华

2024 年 9 月

▶▶ 目录

第一章

毕业设计组织管理

为全面提高高职高专院校学生职业能力，提升人才培养质量，推动高等职业教育有效服务经济社会发展，必须加强高职高专院校毕业设计工作。

第一节　毕业设计的内涵及意义

一、毕业设计的内涵

毕业设计是高等职业院校各专业的应届毕业生针对某一选题，综合运用所掌握的专业知识和基本技能，开展的具有一定实用价值的设计过程及取得的成果。

毕业设计成果可以表现为物化产品（作品）、软件、文化艺术作品、方案等，其中物化产品（作品）、软件、文化艺术作品等应有必要的设计说明。学生毕业设计成果不得以论文、实习总结、实习报告等形式替代。

财经商贸类专业的毕业设计一般以方案设计为主，即学生在对企业的生产经营情况进行调研的基础上，通过相关数据分析，找出企业生产经营中存在的问题，探讨其产生的原因，设计解决问题的方案。

二、毕业设计的意义

1. 毕业设计是专业教学的基本内容

毕业设计是高职高专院校各专业必修的综合性实践课程，是体现人才培养特色和增强学生专业能力综合训练的重要教学环节，是学生毕业资格认定的重要依据。

2. 毕业设计是提高学生职业能力的重要途径

毕业设计旨在通过系统训练，培养学生综合运用基础理论、专业知识和专业技能分析解决实际问题的能力，有利于提升学生就业、创业和创新能力。

3. 毕业设计是推进产教融合的有效手段

通过毕业设计，既有利于为行业企业解决实际问题，又能使生产现场的新知识、新技术、新工艺、新标准、新产品、新方法等有效融入人才培养过程。

第二节　毕业设计的组织管理

毕业设计工作实行学院、二级学院（系）、专业教研室三级管理，在教学主管副院长的统一领导下，由教务处、院部和专业教研室（专业团队）分级落实完成，重点强化教研室（专业团队）的管理职能。

一、毕业设计工作的基本要求

1. 统筹安排毕业设计课程

毕业设计应作为必修课程进入各专业人才培养方案，一般安排在毕业学年实施，主要环节包括指导选题、下达任务、组织实施、答辩与成绩评定等，教学时长可根据各专业的特点合理确定。

2. 完善毕业设计标准体系建设

学校要参照教育主管部门发布的专业大类毕业设计指南制定相关专业（类）毕业设计标准，明确各专业毕业设计选题类别及要求，规范成果表现形式与评价指标等，确保毕业设计实施有据可依。毕业设计成果可以表现为物化产品（作品）、软件、文化艺术作品、方案等，其中物化产品（作品）、软件、文化艺术作品等应有必要的设计说明。

3. 加强毕业设计指导教师队伍建设

毕业设计指导教师队伍是学校做好毕业设计指导工作的重要保障，学校要加强毕业设计指导教师培养培训，制定毕业设计指导教师队伍遴选、考核标准。指导教师一般应具有中级以上专业技术职务或具有1年以上相关专业实践经验，第一次指导毕业设计的教师应配备有经验的教师协同指导。学校要配备数量足够、结构合理的毕业设计指导教师队伍，每位教师指导学生的数量原则上不超过15人。

4. 科学确定毕业设计任务

毕业设计选题应符合本专业培养目标，尽量贴近生产、生活实际，能体现学生进行需求分析、信息检索、方案设计、资源利用、作品（产品）制作、成本核算等能力和安全环保、创新协作等意识的培养要求。设计任务应具有一定的综合性，难易程度适当。任务书应明确设计任务及要求、进程安排、成果表现形式等。学校应建立毕业设计选题动态调整机制，主动适应行业、企业发展新需求、新变化，每年选题更新不少于10%。

5. 完整组织毕业设计教学

教师根据学校毕业设计工作方案的要求指导学生选题、向学生下达毕业设计任务并全程指导学生实施。学生应独立完成毕业设计任务，按照下达的毕业设计任务开展毕业设计，形成体现个人工作任务的毕业设计成果。学生完成毕业设计任务后，学校统一组织答辩。

6. 严格毕业设计考核

毕业设计考核应涵盖学生完成任务的过程、成果和答辩表现等。过程评价主要考核学生是否完整地执行毕业设计实施计划，成果评价主要考核其科学性、规范性、完整性和实用性，答辩评价主要考核学生对设计任务的整体把握能力和回答问题的准确性。

二、毕业设计工作流程

1. 前期准备阶段

前期准备阶段，包括制定方案、指导选题。

（1）学院教务处根据省教育厅的通知精神，制订学院年度毕业设计工作方案，提出总体要求和工作目标，公布应参加当年毕业设计抽查的专业。

（2）各二级学院制订部门年度毕业设计工作实施方案，对毕业设计工作进行具体安排，核对应参加当年毕业设计抽查的毕业生信息，安排指导教师，组织指导教师根据专业人才培养目标及当前经济热点、经济发展动态，结合学生顶岗实习单位的用人特点、生产经营情况以及自身的专长，将若干选题提交教研室。

（3）各专业教研室开展毕业设计选题的审核和确定，分别组织召开教师和学生毕业设计动员会，明确毕业设计目的、主要任务、时间安排等。

（4）指导教师指导学生撰写毕业设计任务书。

（5）二级学院将学生毕业设计选题和指导教师名单报教务处备案。

2. 组织实施阶段

组织实施阶段，包括下达任务、进行设计、撰写文本、质量监控等。

（1）指导教师给学生下达毕业设计任务书。

（2）学生查阅资料、开展调研，进行毕业设计的各项具体工作。

（3）学生制订完成选题的工作计划和方案，经指导教师审核确认其科学性、专业性、可行性均达到要求后，方可开展设计工作。

（4）工作计划完成后，选择毕业设计成果并进行呈现，送指导教师审阅。

（5）指导教师审阅学生毕业设计成果并给出修改意见。

（6）学生根据指导教师的修改意见进行修改。

（7）毕业设计成果查重。学生在将修改稿返回教师之前，应进行查重；重复率超过 20% 时，应进行修改。

（8）重复率小于 20% 时，教师应对毕业设计成果进行评阅并给出成绩。

（9）二级学院审核。二级学院组织专家对指导教师评价为合格以上的毕业设计成果进行审核，并将审核为合格的学生毕业设计成果报学院教务处。

（10）教务处抽查。学院教务处组织专家对二级学院认定为合格的毕业设计成果进行抽查，并将抽查结果反馈给二级学院。对抽查不合格的毕业设计成果必须进行修改。

3. 答辩、成绩评定与资料上传

（1）二级学院组织答辩，完成成绩评定、汇总和评优推荐等工作；答辩可以采取现场答辩、网络答辩或其他答辩形式，具体由二级学院根据专业等实际情况确定。

（2）毕业设计成绩评定及录入。

学生的毕业设计成绩由平时成绩、成果成绩和答辩成绩三部分组成，毕业设计综合成绩按照平时成绩（设计过程）占总分的 20%，成果成绩占总分的 60%，答辩成绩占总分的20%予以评定，最后总评按"优秀（90~100分）、良好（80~89分）、中等（70~79）、合格（60~69分）、不合格（60分以下）"五级评定，优秀率应控制在专业学生数的20%以内，良好率不超过80%。

毕业设计不合格的学生要限期整改或重新设计，在1个月后二级学院重新组织答辩，仍不合格者不能正常毕业。

（3）学生完成文档整理工作，纸质版和电子版交所在学院，毕业设计成果按省教育厅要求组织上传到学院指定的平台，具体上传工作由指导老师或二级学院安排的专人负责。

（4）各二级学院对本届毕业设计质量进行分析与评价（工作总结）。

三、毕业设计各部门的职责

1. 教务处的职责

（1）牵头成立学院毕业设计工作领导小组，负责统筹、协调，保障、检查全院毕业设计工作，制订完善毕业设计工作指导性文件、规章制度、学院年度毕业设计工作方案。

（2）负责毕业设计工作的指导与督查。

（3）负责毕业设计成果抽查及优秀毕业设计成果评选。

（4）建立院级毕业设计评审专家库，向省教育厅推荐毕业设计成果评审专家。

（5）协调处理毕业设计工作中的其他重大问题。

2. 二级学院（系）的职责

（1）成立学生毕业设计工作小组，认真执行学院有关毕业设计的规章制度，制订本部门毕业设计工作实施方案，负责组织对指导教师和学生的培训。

（2）审定毕业设计选题和毕业设计任务书。

（3）负责对本部门学生毕业设计成果的检查与评价。

（4）制订本部门毕业设计成果考核方案。

（5）组织本部门毕业设计任务书、毕业设计成果等材料的上传，保存学生毕业设计成果材料。

（6）负责向学院推荐毕业设计成果考核专家。

（7）负责处理本部门毕业设计工作中的其他重大问题。

3. 专业教研室的职责

（1）负责相关专业毕业设计标准的制定与完善。

（2）负责毕业设计课题的选定、毕业设计选题库的建立及毕业设计课题工作计划的审定。

（3）负责毕业设计任务书的制定与审核。

（4）负责毕业设计指导教师的安排（可根据需要邀请其他有关教师或企业专家协助进行指导）。

（5）负责毕业设计的工作进度、质量、毕业设计指导情况的检查。

（6）毕业设计成果的整理归档。

4. 指导教师的职责

（1）根据本专业毕业设计标准，按照行业标准或生产规范，撰写毕业设计任务书及毕业设计成果呈现形式范例（样板），供学生参考。

（2）根据专业的特点或行业生产实践，指导学生确定毕业设计选题，及时上报毕业设计选题。

（3）指导学生撰写毕业设计任务书、毕业设计工作计划，根据选题内容对学生进行具体指导和督查。

（4）指导学生完成毕业设计成果呈现形式并进行质量审核，教育学生诚实守信，不得抄袭、剽窃他人成果。

（5）对学生毕业设计进度、成果质量进行检查，对毕业设计成果进行考核评分，把好毕业设计质量关。

（6）保管好学生毕业设计任务书及毕业设计成果的电子文档等资料，供学院抽查检查。

四、毕业设计检查与评估

毕业设计实施期间，各教学院部毕业设计工作指导小组在毕业设计开题、中期和答辩等重要环节要进行监督和检查。检查各专业毕业设计工作小组的工作情况，对检查中发现的问题，要及时进行纠正与处理。

1. 开题检查

开题检查应在设计开始阶段进行。

（1）检查设计任务书下达情况，任务书一般在学生毕业设计开始前完成；

（2）检查学生毕业设计任务书，判断是否已充分把握毕业设计的内容和要求，设计进度计划是否切实可行；

（3）是否具备毕业设计所要求的基础条件；

（4）开题检查不合格者必须在一周内重做。

2. 中期检查

中期检查应在毕业设计阶段中期进行。

（1）设计的内容与题目是否一致，设计的基本思路是否正确；

（2）学生是否按计划完成规定工作，所遇到的困难能否克服；

（3）学生在毕业设计期间的表现；

（4）教师对指导工作是否认真负责。

3. 答辩及设计成果验收检查

（1）检查毕业设计答辩工作开展情况；

（2）检查学生是否按毕业设计任务书要求完成全部工作，学生的设计成果是否完备、是否合格；

（3）工作项目成果验收；

（4）检查指导日志填写及考勤情况。

学校毕业设计工作领导小组办公室，不定期督查各教学院部毕业设计工作实施情况，定期召开毕业设计工作专题会议，听取工作汇报，研究处理毕业设计工作中出现的共性问题，并定期向毕业设计工作领导小组汇报情况。

答辩结束后，各教学院部毕业设计指导小组撰写毕业设计工作总结，于答辩完一周后报送毕业设计工作领导小组办公室存档。

第二章

毕业设计的撰写

毕业设计是应届毕业生运用所学专业知识和基本技能，对接企事业单位生产管理服务一线，解决具体业务问题，从而提升自身自主学习能力、调查分析能力、创新创意能力、社会适应能力及文字综合能力。毕业设计的写作流程一般包括确定选题（制定毕业设计任务书）、方案设计（撰写毕业设计作品）、成果答辩（制作 PPT、答辩汇报）、成果上传（上传毕业设计任务书及毕业设计成果）四个环节，如图 2-1 所示。在毕业设计撰写过程中，必须通过对企业充分调研、收集各种现场资料和文献资料并加以归类整理。

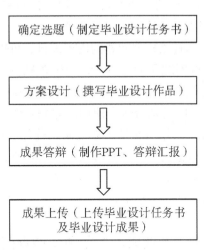

图 2-1　毕业设计写作的基本流程

第一节　毕业设计资料收集和整理

撰写一篇高质量的毕业设计，资料收集整理至关重要。在当今"互联网+"的时代背景下，如何收集和整理相关资料是一项十分重要的技能。资料收集主要包括企业现场考察与调研、现场资料收集与整理、文献资料的收集与整理等。

一、企业现场考察与调研

毕业设计一般应与顶岗实习结合进行。毕业设计的目的是学生通过企业现场调研，发现企业存在的问题，探讨其产生的根源，从而提出解决问题的方案。学生进行企业现场考察是毕业设计必不可少的环节，是其毕业设计写作素材的重要来源。

1. 企业现场调研的途径

（1）对实习单位和实习岗位调研。财经商贸类专业毕业设计多偏重实践，选题一般是针对实习单位和实习岗位进行方案优化设计并实施的，如流程优化设计、采购管理优化方案、库存管理优化方案、财务报表分析等。这些毕业设计选题都需要从实习单位和实习岗位获得一手的数据和资料。学生应利用顶岗实习的机会，结合自己的选题方向，调研企业的生产经营情况，考察企业生产的工艺流程、采购管理流程、销售管理流程和市场需求状况，体验实践工作中解决问题的方法策略，再发现其存在的问题，探讨问题产生的根源，提出解决问题的方法，将整个过程的经验和心得在毕业设计作品和毕业设计成果报告书中进行归纳和总结。

（2）对企业导师和企业管理人员进行访谈。学生应根据自己的选题，向企业指导老师和相关企业管理人员有针对性地进行访谈，从中获得最准确、最有价值的重点信息和成功经验。

2. 企业现场调研的方法

调查时，一定要明确调查目的、调查对象、拟定调查提纲，不要没有目的、随机调查。常用的调查方法有问卷调查法和访谈调查法。

（1）问卷调查法。问卷调查法根据问卷的内容编排，可以分为限制式问卷和开放式问卷。限制式问卷即已设计好问题及参考答案，受访者只须在预先设定的答案中选择一个或几个答案即可；而开放式问卷在问卷的范围给出结果就行。采用问卷调查时，要注意以下事项：一是课题所涉及问题是否适合使用问卷调查法；二是问卷中问题的设置是否严密，让受问者容易回答；三是问卷是否涉及暗示作用、引导受测者选择某个答案。设计问卷首先要设计标题，标题应与选题的研究目的相呼应，再清楚描述调查对象的称谓、研究目的、回答问题的要求，对有关问题的解释等，并标明研究单位（或研究者）的联系方式。以下是某选题针对××中小企业成本管理优化方案所设计的调查问卷：

××中小企业成本控制现状调查问卷

您好，欢迎参加这次调查，感谢您百忙之中来完成这份问卷。这是一份纯学术性问卷，主要是为了了解贵公司生产成本控制的相关情况。本问卷没有标准答案，且您的回答仅供毕业设计之用。我们郑重承诺将对您所填写的全部信息负保密责任，请您放心作答。非常感谢您的大力支持！

1. 您所担任的职务：

○中高层管理者

○成本管理人员

○技术质量管理人员

○基层管理或员工

2. 您的学历：

○研究生

○本科

○专科

○专科以下

3. 您在目前公司工作的年限：

○1~3 年

○4~6 年

○7~10 年

○10 年以上

4. 贵公司的管理层是如何了解自身的生产成本控制情况的：

○财务人员汇报的简单数据

○实地车间视察

○相关方面的会议讨论

○查看财务报表

5. 贵公司目前生产成本控制的重点放在了哪一阶段：

○事前控制

○事中控制

○事后控制

○不清楚

6. 是否设置了专门的成本管理部门和负责成本工作的人员：

○有专设的成本管理部门和工作人员

○无成本管理部门，负责成本工作的人员分布在各职能部门

○不清楚

7. 贵公司是否有成文或实际执行的成本管理制度文件（如果没有，直接跳到第9题）：

○有成文规定，但是没有实际执行

○有成文规定，并实际执行

○没有成文规定，也没有实际执行

○没有成文规定，但实际执行一套制度

○不清楚

8. 您是否熟悉公司成本管理制度的内容：

○是

○否

○不清楚

9. 您认为公司员工在成本管理方面降本节约的意识：

○非常强烈

○强烈

○一般

○不强烈

10. 目前公司采用的与企业管理相关的系统对成本控制的效果显著的有：

□MES 生产管理系统

□PLM 项目管理系统

□ERP 企业资源管理系统

□SRM 供应商管理系统

□不清楚

11. 在您的日常工作中是否注重成本控制

○不注重

○比较注重

○很注重

○一般

○从未关注

12. 贵公司在成本管理方面存在的主要困惑有：

□成本意识在执行过程中有偏差

□成本效益理念淡薄

□只注重成本节约而忽视成本避免

□降低成本的群众基础薄弱

□不掌握成本管理的方法

□其他

13. 公司现行的成本管理方法有：

○作业成本法

○目标成本法

○变动成本法

○标准成本法

○不清楚

14. 对现行成本管理体系的评价：

○满意

○比较满意

○不满意

○不清楚

15. 是否制定了长期成本管控的战略目标：

○是

○否

○不清楚

16. 您认为公司目前成本管理的效果：

○合理

○一般

○不合理

○流于形式，无实质的管控作用

○不清楚

17. 公司是否进行成本预算管理（如果没有，直接跳到第20题）：

○是

○否

○不清楚

18. 公司成本预算编制对成本历史数据的依赖程度：

○依赖，且以上一年度数据为基础

○较为依赖，参考部分上一年度的数据

○不依赖

○不清楚

19. 成本预算编制参与部门：

□公司管理层

□业务部门（生产、采购等）

□财务部门

□公司其他职能部门

□其他（供应商、客户等）

20. 贵公司有以下哪些生产成本控制问题：

□物料浪费严重

□员工成本控制意识淡薄

□产品质量控制不严格

□设备故障率高

□其他

21. 导致公司设备处于闲置状态的最主要原因是什么：

○生产计划不合理

○产量不足

○设备老旧、维修频繁

○其他

22. 贵公司目前采用以下哪种模式对产品成本进行管理：

○手工核算

○应用 EXCLE 管理

○ERP 系统或自行开发的成本管理系统

○含有成本管理模块的通用财务软件

23. 贵公司在哪些方面对您进行了培训：

□生产管理等软件使用

□企业文化

□安全生产

□成本控制

24. 贵公司有没有将生产成本控制列入绩效考核体系中：

○规则中有规定，但是和绩效薪资无关

○规则中有规定，和绩效薪资有关

○规则中无规定

○不清楚

25. 您认为公司成本管理不力的原因有：

□成本核算非常麻烦，耗时

□成本核算数据不准确

□成本管理的理念没有得到贯彻

□成本考核不严格

□降低成本的行动未获得正确引导

□成本管理的措施匮乏

□成本管理缺乏战略规划与战略指导

□成本管理只考核中层干部，对基层没有约束

□其他

（2）访谈调查法。访谈调查法是与被访者直接交流，一般分为个别访谈和集体访谈。采用这种方法，调研者必须保持虚心求教的心态并做好详细记录。在谈话过程中，调研者要一边记、一边想、一边判断。谈一次，总结一次，分析一次，并提出新问题，这样就可以越谈越深，资料也就越来越多。集体访谈一般 7~10 人为宜，且事先应将访谈的具体内容、要求、时间、地点通知访谈对象。

二、现场资料的收集与整理

（一）现场资料的收集

毕业设计一般结合顶岗实习进行。学生可以边顶岗边获得相应的现场资料，也可以通过对企业调研获取。

（二）现场资料的整理

通过对企业调研学生收集了大量的资料，有历史资料、现实资料、数据材料，还有具体的案例资料及综合性材料等。这些资料需学生进行反复阅读、分析思考，准确判断资料的性质，使之成为对选题有用的资料。资料的处理一般可以分为以下三个环节：

1. 资料取舍的原则

一是资料的适用性。学生必须从毕业设计选题的内容中来遴选资料，不能将所有资料统统"塞进"毕业设计作品。二是资料的真实性。资料的真实性关系到毕业设计的成败。资料选择必须有根据，考虑数据间的逻辑关系，财务数据必须是真实、客观的，这样才能完成一篇好的毕业设计。三是资料的典型性。所选的资料应具有充分的代表性，能以点代面，而不是个例、孤案。

2. 资料的归纳分类

学生对资料进行鉴别后，要对资料确定一条主线进行全面归纳、分类，使其系统化、条理化。这种分类一般按照个人的喜好和主观需求进行，没有严格的标准。

3. 形成结论和论据

在资料整理过程中，学生要逐步围绕毕业设计选题形成毕业设计的论点、论据，如果资料还存在一定的问题，需反复研究，不断深化，直至能够自圆其说。

三、文献资料的收集与整理

毕业设计作为一种实践性的方案，除选题要有价值外，学生在撰写过程中还要尽量用事实说话，参考足够详尽、有说服力的文献资料。这是毕业设计的重要组成部分。

（一）文献资料的收集

文献资料的收集渠道一般包括图书馆纸质图书检索、往届校友的优秀毕业设计作品、网络平台资料。

在当今"互联网+"时代，网络资源的收集是重要的手段，常用的检索系统有：中国知网（CNKI），网址 http://www.cnki.net/；万方数据平台，网址 http://www.wangfangda-ta.com.cn/；维普咨询，网址 http://www.cpvip.com/；百度搜索，网址：www.baidu.com；360 搜索，网址：https://www.so.com/；微信搜索。

下面以中国知网为例，进行数据库检索方法的介绍。

进入中国知网，只要在弹出窗口中选择"关键词"等信息，然后输入"关键词"的具体内容，如"成本管理"，键入回车键，即可将相关内容弹出，如图 2-2 所示。再选择相应的具体条目，双击打开，弹出界面如图 2-3 所示，单击"PDF 下载"等按钮即可下载指定路径。

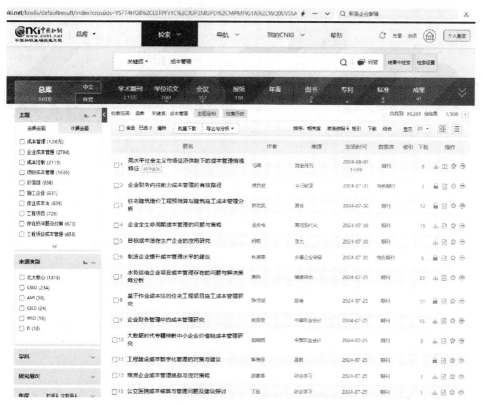

图 2-2 中国知网以"成本管理"为关键词的检索结果

在中国知网文献检索中，还有"主题""篇名""作者"等信息的搜索引擎，如图2-4所示。

基于作业成本法的Z公司成本管理研究

周柠锦

南京邮电大学

摘要：奶牛养殖业是关系国计民生的重要产业，肉蛋奶是百姓"菜篮子"的重要品种。奶牛养殖企业要持续稳定地生存发展，首先要提高成本管理的水平和效率。企业管理的效率、盈利能力以及面对市场竞争的抵御能力与成本管理的水平密切相关。本文基于此背景研究Z公司的成本管理，以期对其提高管理水平和提高效益有一定的借鉴和实践意义。本文运用文献研究法、案例研究法和实地调查法等方法，首先分析Z公司的成本管理现状，发现其在成本管理中存在的问题，其次引入作业成本法，建立了基于作业成本法的成本预算、成本核算、成本控制和成本考核体系，并运用案例公司的数据进行具体的分析，最后提出了Z公司实施作业成本管理的保障措施。研究发现，Z公司的现有成本管理存在管理体系不够完善以及核算不够精确等不足，应用作业成本法可以优化成本管理流程，提升成本核算准确性，并对公司的产品、售价等管理决策提供较好的依据。
更多

关键词：奶牛养殖业；成本管理；作业成本法

专辑：农业科技；经济与管理科学

专题：畜牧与动物医学；农业经济；农业经济；会计

DOI：10.27251/d.cnki.gnjdc.2023.000327

分类号：F302.6;F326.3

导师：何卫红

学科专业：工商管理硕士（MBA）（专业学位）

硕士电子期刊出版信息：年期：2024年第04期 网络出版时间：2024-03-16—2024-04-15

图 2-3 中国知网资料下载

图 2-4 中国知网其他搜索引擎

（二）文献资料的整理

对于文献资料也如同现场调研的资料一样，学生只有加以归纳、分类、整理，才能得到自己所需要的资料。

第二节　毕业设计选题开发

毕业设计选题的确定是毕业设计工作的第一步。如何开发高质量的选题，是毕业设计成败的关键所在。财经商贸大类专业毕业设计通常为方案设计类。

一、方案设计类毕业设计选题原则

（1）专业性原则。选题应符合本专业培养目标，以及学生进行需求分析、信息检索、方案设计、资源利用、作品制作、成本核算等专业综合能力和安全环保、创新协作等意识的培养要求。

（2）实践性原则。选题应在满足毕业设计基本要求的前提下，尽可能贴近生产、建设、管理和服务实际，源于真实的财经商贸工作中，体现学生综合运用所学专业知识和专业技能解决财经商贸领域中的资产管理、成本管理、投资分析、财务分析、营销策划、税务筹划等实际问题的能力。毕业设计要符合所在顶岗实习单位的实际情况，能解决实习单位的具体问题。

（3）差异性原则。毕业设计原则上应做到"一人一题"，选题避免雷同。对于工作量大的选题，可以分解为若干子课题。子课题的任务明确，工作量基本均衡，各子课题之间有关联但设计内容相对独立，确保每个学生能取得各自相应的成果。任务书中应明确选题和子课题名称，明确子课题的具体任务、目标等，成果不能雷同。

（4）适度性原则。选题应大小适中，难易适度，难易度和工作量应适合学生的知识和能力状况，使学生在规定时间内的工作量饱满，且能完成任务。对于管理方面的选题，要偏重具体单位和部门的实际问题，其论题本身所体现出来的内容，也应当是非常具体的东西。题目确定上应避免所涉及内容过宽、过大，注意词语的准确性，题目要精练。

二、方案设计类毕业设计选题思路

财经商贸类毕业设计实践中最常见的问题是选题过大，学生无法胜任或者即使完成也没有任何价值。

财经商贸类专业方案类毕业设计选题思路如下：

（1）围绕专业人才培养目标设置选题，选题的内容、深度及知识覆盖面应符合专业教学要求，不同专业可以渗透，以扩大专业面，开阔学生视野，但只能适当跨界，不能完全越位。

（2）紧贴高职学生认知水平。好的选题应难易适中、贴近学生，让学生易于操作，切忌题目过大、过宽，让学生难以驾驭，无从下手。如某职业院校会计专业选题："××省酒店行业成本管理优化方案"，这样的选题过大，不适合高职学生。

（3）结合生产建设及管理服务一线需要，尽可能反映新技术、新趋势，如"互联网+"、大数据、人工智能等。

三、方案设计类毕业设计选题开发方法

（一）从行业、企业、产品维度开发选题

结合专业人才培养方案所面向的行业企业，将毕业设计主题聚焦到会计行业及经济管理方面。这种方式开发的选题具有针对性强、操作简便、易于执行等特点。如会计专业"库存管理优化方案设计"类选题，则可聚焦到某个地区某一具体企业上来，从而化难为易，变抽象为具体，则毕业设计选题细化为"衡阳华新区步步高超市库存管理优化方案设计"。

（二）从知识、技能、岗位维度开发选题

结合专业人才培养目标定位，将专业所需掌握的基础知识及基本技能，对接到具体的业务流程、操作环节或相关岗位。通过这种方式开发的选题，实践性较强，以小见大、见微知著，如会计专业的"××企业销售管理优化方案设计"等。

（三）从热点、难点维度开发选题

如何捕捉市场的"热点"以及业务的"难点"，是毕业设计创新求变、与时俱进的重要策略。"互联网+"、供给侧结构性改革、创新创业是当前热点，我们开发的毕业设计选题可以为"××企业供给侧结构性改革方案设计"。

四、财经商贸类专业毕业设计选题示例

（一）财经商贸类

（1）××企业××年××财务分析；

（2）××企业××会计核算流程（优化）设计；

（3）××公司（企业）××成本管理（优化）设计；

（4）××公司（企业）××财务管理制度（优化）设计；

（5）××企业财务软件应用中××问题的解决方案设计。

（二）工商管理类

（1）××企业管理人员招聘（或培训）方案（优化）设计；

（2）××门店（社区便利店）××运营方案设计；

（3）××企业（门店）会员管理（或客户服务）方案（优化）设计；

（4）××企业投资风险防范（化解）方案（优化）设计；

（5）××企业内部组织结构调整方案设计。

（三）市场营销类

（1）××（商业业态）××节大型活动公关策划方案设计；

（2）××（项目或产品）××市场的推广策划方案设计；

（3）××（品牌或产品）××市场开发方案设计；

（4）××门店新零售方案设计；

（5）××企业××产品××市场促销方案设计。

（四）电子商务类

（1）××产品××店铺运营策划方案设计；

（2）××店铺爆款打造方案设计；

（3）××公司微信公众平台运营优化设计；

（4）××公司网站优化方案设计；

（5）基于××跨境电商平台的××产品营销方案设计。

（五）物流类

（1）××企业（仓储、运输、配送等）作业方案（优化）设计；

（2）××企业物流金融（仓单质押、买方信贷、授信融资、垫付货款、替代采购、信用证担保等）作业方案（优化）设计；

（3）基于××技术的××企业（仓储/运输/配送）管理系统的方案设计；

（4）××物流工程项目物资（现场储存、采购计划、库存控制、保养）方案设计；

（5）基于××技术的××企业（仓储/运输/配送）管理系统（软件）的设计与实现。

（六）金融类

（1）××银行"快乐秒贷"业务营销方案设计；

（2）××家庭理财规划设计；

（3）××社区居民"金融夜市"需求调研方案设计；

（4）××商业银行××内部控制优化方案设计。

第三节　毕业设计任务书的编制

学生确定好毕业设计选题后，指导老师应指导学生撰写好毕业设计任务书，经教研室等部门审核后以任务书的形式将具体要求下发给学生。财经商贸类专业毕业设计任务书一般包括选题名称、学生的基本情况、校企指导老师的基本情况、设计目的、任务（内容）、实施步骤和主要方法、设计进程和成果表现形式等内容。

一、毕业设计的目的与任务

毕业设计任务书是让学生明确要做什么，想解决什么问题。毕业设计任务书要体现设计的新颖性或独特性，把它整理出来就是设计的开题报告，是技术路线及实现的规划，包括进度和时间的估计。设计任务体现学生进行需求分析、信息检索、方案设计、资源利用、成本控制、方案撰写等专业能力和安全环保、创新协作等意识的培养要求。

（一）毕业设计的目的

（1）能开展现场调研考察及现场资料收集整理；

（2）能对专业文献资料、网络资料进行搜索整理；

（3）能根据选题的任务和内容，制订合理的工作计划，设计务实可行的毕业设计方案；

（4）能通过实践验证毕业设计方案的可行性，并对反馈的结果进行评估和优化；

（5）具备发现问题、分析问题、解决问题的能力和独立工作的能力，提高文献资料归纳分析能力、写作能力及图文表格排版处理能力；

（6）思想作风、工作态度、工作纪律和团队协作等素质得到良好训练，提升创新能力。

（二）毕业设计任务

毕业设计任务是学生在毕业设计过程中要完成的工作量，主要包括以下四个方面的内容：

（1）明确要调研的企业、访问的网站或其他数字资源、阅读的相关文献、技术资料，并撰写一定字数的调研报告或分析结论；

（2）根据前期调研的结果，撰写毕业设计初稿；

（3）在校企指导老师的指导下，征询顶岗实习企业的 1~3 位专家意见后，完成毕业设计第二稿；

（4）再次征询企业专家及指导老师的意见，进行方案的修正和完善，最终完成毕业设计定稿。

二、毕业设计的实施步骤与研究方法

（一）毕业设计的实际步骤

（1）学生结合顶岗实习单位的具体情况，深入分析总结，确定毕业设计选题，与指导老师共同撰写"毕业设计任务书"，经院部审核后下发"毕业设计任务书"；

（2）学生到达顶岗实习单位后，在企业指导老师的指导下，了解实习单位的情况，结合选题有针对性地开展调研，并注意发现问题；

（3）学生针对企业存在的问题，结合本人在高职阶段的专业知识，在校企指导老师的共同指导下，进行相关的资料文献积累，收集与选题相关的资料；

（4）在校企指导老师的指导下，学生对所收集的资料进行归纳、分类、整理，加以鉴别、筛选并决定取舍，形成写作思路，开始进行毕业设计，撰写"毕业设计作品"，形成初稿；

（5）经校企指导老师审阅，提出修改意见，学生进一步开展调研并修改相应内容，经二稿、三稿后最终定稿。

（二）毕业设计的研究方法

毕业设计的研究方法一般有调查法、文献分析法、案例研究法、实验法、定量分析法和定性分析法等，这些方法各有特点，适用于不同的研究场景。在一个选题研究中，往往会用到两种以上的方法。

调查法中的问卷调查法是一种常见的研究方法，适用于大规模样本的数据搜集与分析。通过问卷调查，可以了解受访者的态度、看法、信念、行为等方面的信息，进而为研究问题提供数据支持。

文献分析法是根据一定的研究目的或课题，通过调查文献来获得资料，从而全面、正确地了解掌握所要研究问题的一种方法。

案例研究法是认定研究对象中的某一特定对象，加以调查分析，弄清其特点及形成过程的一种研究方法。

实验法是一种控制条件的研究方法，能准确检验不同变量对因果关系的影响。通过实验设计，可以控制自变量，观察因变量的变化，从而得出结论。

定量分析法和定性分析法分别使用数学模型与统计学方法对数据进行定量分析和对事物的性质、特征进行深入描述。

学生在选择研究方法时，需要根据研究问题的性质、研究目的、数据来源、研究周期等因素进行综合考虑。例如，如果需要搜集大量数据并进行统计分析，可以选择问卷调查法和实验法；如果需要对某个特定案例进行深入分析，可以选择案例研究法；如果需要对文献进行综合分析和评价，可以选择文献分析法。此外，不同的研究方法可以结合使用，以提高研究的全面性和深度。

三、毕业设计的进度安排及成果表现形式

（一）毕业设计的进度安排

（1）选题阶段（××××年××月—××××年××月）：确定选题，撰写毕业设计任务书和毕业设计方案。

（2）调研阶段（××××年××月—××××年××月）：完成企业现场调研和指定文献阅读、资料收集、整理工作。

（3）写作阶段（××××年××月—××××年××月）：撰写毕业设计作品初稿、二稿及定稿。

（4）成果整理及答辩阶段（××××年××月—××××年××月）：撰写毕业设计答辩申请表，完成毕业设计答辩的相关工作。

（二）毕业设计成果的表现形式

方案设计类毕业设计成果通常为一个完整的方案。对财经商贸大类专业而言，表现形式一般为对新办企业某一项管理制度、经营模式、技术应用等方面的创建设计方案，或是对老企业某一项管理制度、经营模式、技术应用等方面的优化设计方案。

学生毕业设计成果不得以论文、实习总结、实习报告等形式替代。

（三）毕业设计成果的总体要求

（1）科学性。技术路线科学、可行，步骤合理，方法运用得当；技术标准等运用正确，技术原理与理论依据选择合理，相关数据来源可靠、计算准确；应用了本专业领域中的新知识、新技术、新方法。

（2）规范性。毕业设计成果要素齐全、层级分明、结构严谨、排版规范、文字表述流畅，毕业设计成果内容的表述符合财经商贸类行业标准或专业语言的规范化要求，毕业设计成果引用的参考资料、参考方案等来源标识规范、准确。

（3）完整性。毕业设计成果与毕业设计任务书的要求紧密相关，毕业设计成果能清晰呈现提出问题、分析问题、解决问题的逻辑架构，毕业设计成果的外在形式与内容结构完整，字数不少于 3 000 字。

（4）实用性。毕业设计成果对象与企业实际工作密切相关，毕业设计成果内容与本专业的知识、技能、技术相关，毕业设计成果价值能解决单位经营管理中的实际问题。

四、财经商贸类专业毕业设计任务书示例

示例一：某同学"东莞市乔帛服饰有限公司应收账款管理方案优化设计"毕业设计任务书如表 2-1 所示。

表 2-1　湖南环境生物职业技术学院毕业设计任务书

选题名称	东莞市乔帛服饰有限公司应收账款管理方案优化设计				
学生姓名	×××	学号	×××	专业班级	193 会计 4 班
指导教师	校内	×××		职称	×××
	校外	×××		职称	×××
起止时间	2021 年 11 月 1 日—2022 年 6 月 1 日				
目的	以顶岗实习单位东莞市乔帛服饰有限公司为平台，运用初级会计实务、财务管理实务、管理会计实务、财务报表分析等课程的理论知识，通过对东莞市乔帛服饰有限公司应收账款管理现状进行计算分析，掌握企业财务情况、账款账龄、客户的变动趋势，以提高自身发现问题、分析问题与解决问题的专业综合能力				
任务	1. 了解企业的基本情况； 2. 掌握应收账款管理方法； 3. 通过对企业财务情况、账款账龄、客户的变动趋势的分析，探讨企业存在的问题及原因； 4. 企业应收账款管理优化措施设计				
实施步骤	1. 确定选题。根据实习单位的业务内容和自身工作实践确立毕业设计选题。 2. 调查分析。了解实习单位的基本情况，熟悉实习单位业务，调查企业应收账款管理现状，分析实习单位该项业务存在的问题。根据选题拟定提纲，线上、线下收集相关资料。 3. 设计阶段。分析整理资料，在校内和企业指导老师的共同指导下，形成写作思路，开始进行毕业设计。 4. 定稿答辩。在指导教师的帮助下，优化毕业设计并定稿，完成毕业设计答辩的相关工作				
主要方法	实地调查法、文献分析法、案例研究法等				
进度安排	1. 选题阶段（2021 年 11 月—2021 年 12 月）：确定选题，撰写毕业设计任务书。 2. 调研阶段（2022 年 1 月—2022 年 2 月）：完成企业现场调研和文献查阅、资料收集整理工作。 3. 写作阶段（2022 年 2 月—2022 年 5 月）：撰写毕业设计作品初稿、二稿及定稿。 4. 成果整理及答辩阶段（2022 年 5 月—2022 年 6 月）：整理毕业设计成果资料，完成毕业设计答辩				
成果表现形式	□产品设计　　□工艺设计　　☑方案设计				
参考文献	[1] 王阳阳. 关于公司应收账款管理方案的探讨 [J]. 商讯，2019（19）. [2] 李正芹. 企业应收账款管理制度设计的原则与方案[J]. 企业改革与管理，2020（3）. [3] 赵娇. 加强企业应收账款管理的对策措施 [J]. 投资与创业，2020（18）. [4] 田素华. 新形势下企业应收账款管理的重要性及其优化措施 [J]. 中国市场，2020（36）. [5] 张焱. 制造业企业加强应收账款管理的有效措施探讨 [J]. 企业改革与管理，2021（9）.				

表2-1(续)

选题名称	东莞市乔帛服饰有限公司应收账款管理方案优化设计
指导教师 意见	指导教师（签名）： 年　月　日
教研室 审查意见	教研室主任（签名）： 年　月　日
二级学院 意见	负责人（签名）：　　　　　（公章） 年　月　日

注：1. 该表作为下达毕业设计任务的依据，由指导老师指导学生填写，经所在教研室讨论，二级学院负责人签名后生效；2. 此表一式二份，一份二级学院存档，一份教研室存档；3. 签名、盖章后的电子档上传。

示例二：某同学"珠江和院样板房开放暨商业价值发布会活动方案"毕业设计任

务书如表2-2所示。

表2-2　湖南环境生物职业技术学院毕业设计任务书

选题名称	珠江和院样板房开放暨商业价值发布会活动方案			
学生姓名	×××	学号	×××	专业班级 193 市场营销 2 班
指导教师	校内	×××	职称	×××
	校外	×××	职务	×××
起止时间	2021 年 11 月 1 日—2022 年 6 月 1 日			
目的	通过在衡阳珠江和院房地产项目顶岗实习，结合校内所学专业知识，撰写珠江和院空中合院样板房开放暨商业价值发布会活动方案，提高项目的知名度和美誉度，完成毕业设计方案的撰写，提高专业综合实践能力			
任务	1. 熟练掌握发布会活动策划方案的撰写技能。 2. 了解本次活动开展的背景及市场情况。 3. 分析并确定本次活动的对象、要达到的目标等。 4. 确定并撰写珠江和院样板房开放暨商业价值发布会活动方案			
实施步骤	1. 确定选题。根据实习单位的业务内容和自身工作实践确立毕业设计选题。 2. 调查分析。了解实习单位的基本情况，熟悉实习单位业务。围绕毕业设计选题拟定调查提纲，线上线下收集与选题相关的资料。 3. 设计阶段。分析整理资料，在校内和企业指导老师的共同指导下，形成写作思路，开始进行毕业设计。 4. 定稿答辩。在指导教师的帮助下优化毕业设计并定稿，完成与毕业设计答辩相关的工作			
主要方法	文献资料收集法、实地调查法			
进度安排	1. 选题阶段（2021 年 11 月—2021 年 12 月）：确定选题，撰写毕业设计任务书。 2. 调研阶段（2022 年 1 月—2022 年 2 月）：完成企业现场调研和文献查阅、资料收集整理工作。 3. 写作阶段（2022 年 2 月—2022 年 5 月）：撰写毕业设计作品初稿、二稿及定稿。 4. 成果整理及答辩阶段（2022 年 5 月—2022 年 6 月）：整理毕业设计成果资料，完成毕业设计答辩			
成果表现形式	□产品设计　□工艺设计　☑方案设计			
参考文献	[1] 宋红玲. 大数据背景下房地产企业营销策略探究 [J]. 现代营销（下旬刊），2020（8）：158-159. [2] 陈晓虎. 新形势下房地产营销策略转型思考 [J]. 中国中小企业，2020（10）：201-202. [3] 张瑞华. 营销心理学在房地产营销中的应用 [J]. 经济研究导刊，2020（27）：39-40. [4] 魏红萍. 基于项目全寿命周期的房地产企业成本管理 [J]. 建筑经济，2020（7）：92-94. [5] 杨迪春. 房地产开发项目营销方案研究 [J]. 住宅与房地产，2020（32）：81-83.			

表2-2(续)

选题名称	珠江和院样板房开放暨商业价值发布会活动方案
指导教师 意见	指导教师（签名）： 年　月　日
教研室 审查意见	教研室主任（签名）： 年　月　日
二级学院 意见	负责人（签名）：　　　　　（公章） 年　月　日

注：1. 该表作为下达毕业设计任务的依据，由指导老师指导学生填写，经所在教研室讨论，二级学院负责人签名后生效；2. 此表一式二份，一份二级学院存档，一份教研室存档；3. 签名、盖章后的电子档上传。

第二章　毕业设计的撰写

第四节 毕业设计作品的撰写

毕业设计的内容较多，学生在撰写时一般应先拟定写作提纲，经校企指导老师初审通过后，再撰写初稿，经反复研讨，最后修改成定稿。

一、方案设计类毕业设计的主要框架

毕业设计一般由前置部分、正文部分和后置部分三个部分组成。前置部分一般由封面、目录组成，正文部分由引言、正文和结论组成，一般分为4~5个大点，后置部分由参考文献及附录组成。

（一）毕业设计提纲的拟定

毕业设计提纲一般要经过选题研究和提纲构思两个阶段。

（1）毕业设计选题研究。毕业设计提纲的撰写，要从研究选题着手。毕业设计是对某一具体问题进行较为深入的探讨。要写好毕业设计作品，就必须弄清选题的来龙去脉，进行现场考察、查阅有关文献资料、咨询相关人员，对选题的历史和现状、理论与实践、发展动态、观点看法、建议等做到心中有数，写作提纲就基本形成了。

（2）提纲构思。毕业设计写作提纲的构思就是从主题出发，将零乱的思想梳理清楚，形成体系。如会计类专业毕业设计一般为方案类，其写作提纲一般包括公司的基本情况及××现状分析、公司××存在的主要问题、公司××存在的问题的原因分析、公司××优化方案四个部分。

（二）会计类专业部分毕业设计选题写作框架示例

（1）财务会计类毕业设计（以成本管理优化设计为例，见表2-3）。

表2-3 成本管理优化设计

内容	具体内容	写作要点及要求
一、企业简介	1. 介绍企业基本情况。 2. 介绍企业成本管理现状	
二、企业成本管理存在的问题及原因	1. 企业成本管理存在的问题。 2. 在说明问题的同时还要寻找问题的原因和症结，以达到解决问题的目的	成本管理存在的主要问题包括成本核算不准确、成本控制意识薄弱、成本预算编制不科学、成本控制措施不到位、供应链管理不善等
		其原因包括以下五个方面： （1）数据采集不全面，成本核算方法不科学，部门间的信息沟通不畅。 （2）管理层和员工缺乏成本控制的意识，企业文化中重视效益而忽视成本。 （3）预算编制方法单一，缺乏历史数据支持，预算编制与实际情况脱节。 （4）成本控制措施不具体，执行力不足，缺乏有效的监督机制。 （5）供应链环节多，管理复杂，信息不对称，供应商选择不科学

表2-3（续）

内容	具体内容	写作要点及要求
三、实习单位成本管理优化设计	主要写对企业成本管理存在的问题提出的优化设计	优化设计包括以下五个方面： （1）引入先进的信息化管理系统，加强数据采集，提高部门间的信息共享和协作水平。 （2）加强成本控制培训，营造全员参与的成本控制文化，制定明确的成本控制目标、建立激励机制。 （3）采用科学的预算编制方法，参考历史数据和市场趋势，定期调整和优化预算编制流程。 （4）制定详细的成本控制措施，明确责任和执行标准，建立健全监督和反馈机制，确保措施落实到位。 （5）优化供应链管理流程，加强与供应商的信息共享与协作，采用科学的供应商评价和选择机制，减少供应链成本
四、总结	简要总结毕业设计的内容	

（2）财政税务类毕业设计（以存货管理优化设计为例，见表2-4）。

表2-4　存货管理优化设计

内容	具体内容	写作要点及要求
一、企业简介	1. 介绍企业基本情况。 2. 介绍企业存货管理现状	
二、企业存货管理存在的问题及原因	1. 企业存货管理存在的问题 2. 在说明问题的同时还要寻找问题的原因和症结，以达到解决问题的目的	存货管理存在的主要问题包括存货积压、存货短缺、存货损耗、存货记录不准确、存货成本高、存货分类管理不科学等
		其原因包括以下六个方面： （1）需求预测不准确，采购计划不合理，缺乏灵活的存货管理策略。 （2）供应链管理不善，需求波动未能及时响应，存货安全库存水平设置不当。 （3）存货保管不善，存货周转不及时，存货管理系统不完善。 （4）手工记录方式错误多，信息系统不完善，数据更新不及时。 （5）采购成本高，存货持有成本高，存货管理效率低。 （6）未能根据存货特性进行分类管理，不同种类存货的管理方式未能区分对待

表2-4(续)

内容	具体内容	写作要点及要求
三、企业存货管理优化设计	主要写针对企业存货管理存在的问题提出的优化设计	优化设计包括以下六个方面： （1）采用先进的数据处理工具提高需求预测的准确性，优化采购计划，实施灵活的存货管理策略，定期清理积压库存。 （2）加强供应链管理，提高供应链响应速度，合理设置安全库存水平，建立及时补货机制。 （3）改善存货保管条件，优化存货周转流程，引入完善的存货管理系统，提高存货管理效率。 （4）实施自动化库存管理系统，确保数据实时更新，定期进行库存盘点，保证存货记录的准确性。 （5）优化采购流程，争取更好的供应商价格，降低持有成本，提高存货管理效率，实施精益库存管理。 （6）根据存货的特性实施分类管理，采用不同的管理策略，如 ABC 分类法，提高存货管理的科学性和针对性
四、总结	简要总结毕业设计的内容	

· 26 ·

（三）营销类专业部分毕业设计选题写作提纲示例

市场营销专业毕业设计见表2-5。

表2-5 市场营销专业毕业设计

序号	策划方案类型	题目名称
1	促销活动策划方案	××产品或企业××（节）促销活动方案
		××企业或商场促销活动策划方案
2	公关活动策划方案	××企业公关活动策划方案
		×××开业典礼（周年庆典）策划方案
		×××新产品发布会策划方案
		×××企业赞助活动策划方案
3	广告策划方案	××产品、企业或品牌广告策划方案
4	市场推广方案	××（品牌/产品）××（市场/地区）推广方案
5	数字营销推广方案	××（品牌/产品）数字营销推广方案

（1）促销活动策划方案见表 2-6。

表 2-6　促销活动策划方案

	项目	具体要求
主要内容	1. 活动背景	企业介绍、促销产品介绍、本次促销活动背景介绍
	2. 活动主题	主题鲜明、引人瞩目
	3. 活动目标	有活动目标，目标较为明确、具体、具有针对性
	4. 时间地点	选择恰当，与活动对象、活动方式相适应，时间选择得当，地点选择得当
	5. 对象选择	促销产品明确、活动对象选择基本准确
	6. 活动方式	刺激程度适当，与费用匹配，至少有 3 种活动方式
	7. 实施安排	事前准备充分，事中人力、物力等布置妥当，事后有延续安排
	8. 广告配合	有广告配合，广告配合方式符合促销目标以及对象的媒介习惯
	9. 费用预算	有预算表，预算符合企业的背景与目标，预算分配合理
	10. 风险防范	具备处理意外问题的预案，要求两种以上简要预案，合理可行
创新方面		方案创意独特且可行

（2）公关活动（包括开业庆典活动、赞助活动、产品发布会等）策划方案见表 2-7。

表 2-7　公关活动策划方案

	项目	具体要求
主要内容	1. 活动背景	企业介绍、公关活动背景介绍
	2. 市场分析	能从分析中达到了解企业公关现状和公关活动的目的
	3. 公关活动目标	有活动目标，目标明确、具体、具有针对性
	4. 公关活动主题	主题鲜明、引人注目
	5. 公关活动对象	有明确的活动对象，公关对象选择符合企业市场要求
	6. 公关活动时间地点	选择恰当，与活动对象、活动主题相适应，时间选择得当，地点选择得当
	7. 活动项目流程设计	活动项目设计与目标、对象、费用相吻合（要求设计两个以上项目），流程安排较为细致、正确，每个小项目具有一定的可行性
	8. 媒介宣传	有媒介宣传，媒介选择合理，宣传效果较为显著
	9. 进度安排、物料准备	对活动全过程拟成时间表，何地需要哪些物料，需要怎么布置进行安排
	10. 费用预算	有预算与分配表，费用预算合理、可行
	11. 效果评估（预估）	有效果评估，公关效果评估合理，符合企业的要求
创新方面		方案有一定新意，见解独到

（3）广告策划方案见表2-8。

表 2-8　广告策划方案

	项目	具体要求
主要内容	1. 策划背景	企业介绍、产品介绍、本次策划背景介绍
	2. 市场分析	包括企业的宏观环境以及行业分析、消费者分析、竞争对手定位分析、产品的特点分析，市场分析比较确切
	3. 市场策略	营销目标明确、产品定位比较准确、广告目标具体
	4. 广告表现	广告诉求对象合适、广告主题醒目、广告创意（广告语、广告片等）符合广告目标以及产品定位、消费者习惯，能较好地表现广告的诉求点
	5. 广告媒介	媒介选择符合消费者媒介接触习惯，与经费预算、广告目标相适应，具有可行性。要求使用3种以上的媒介方式
	6. 广告预算	用广告活动经费的预算与分配表的方式来体现，活动经费预算合理可行，分配妥当
	7. 广告效果评估	阅读率或视听率、广告记忆度、广告好感度、广告的购买动机与行动率、广告费用指标、市场占有率指标、广告效果指标（要求使用3种以上评估方法）
创新方面		方案有新的创意，见解独到

（4）市场推广方案见表2-9。

表 2-9　市场推广方案

	项目	具体要求
主要内容	1. 推广背景	企业介绍、产品（品牌）介绍、本次推广背景介绍
	2. 市场分析	市场分析包括宏观环境及行业环境分析、推广对象分析、竞争品牌产品分析，市场分析比较透彻、基本到位
	3. 品牌（产品）分析	对品牌（产品）特点描述详细，产品核心利益点分析较为准确
	4. 品牌（产品）SWOT分析	产品（品牌）优势、劣势，机会、威胁分析较为准确
	5. 品牌（产品）定位	品牌（产品）市场定位基本符合市场实际情况、定位具有竞争力
	6. 推广目标	有推广目标，目标明确、具体、具有可行性
	7. 推广策略	线下推广活动：不少于2个主题活动，且须使用两种或两种以上活动形式（含广告、公关和促销）；线上配合活动：至少设计1个与线下推广活动相配合的线上活动。所有活动有具体的时间、地点、活动内容、实施安排等，操作性强
	8. 经费预算	有经费预算与分配表，费用预算合理、可行
	9. 效果评估	有效果评估，效果评估合理，符合企业要求
创新方面		方案有一定新意，见解独到

（5）数字营销推广方案见表2-10。

表2-10　数字营销推广方案

	项目	具体要求
主要 内容	1. 推广背景	企业介绍、品牌（产品）介绍、本次推广背景
	2. 市场分析	市场分析包括宏观环境及行业环境分析、推广对象分析、竞争品牌（产品）分析，市场分析比较透彻、基本到位
	3. 品牌（产品）分析	对品牌（产品）特点描述详细，品牌（产品）核心利益点分析较为准确
	4. 品牌（产品）SWOT分析	品牌（产品）优势、劣势，机会、威胁分析较为准确
	5. 品牌（产品）定位	品牌（产品）市场定位基本符合市场实际情况
	6. 推广目标	有推广目标，目标明确、具体、具有可行性
	7. 推广策略	线上推广活动：要求线上推广活动不少于两个主题活动，综合运用各新兴网络推广媒介，将社交营销、App营销、小程序营销、搜索引擎营销、推荐引擎营销等主流数字营销技术融入其中（须用两种或两种以上数字营销技术）；线下配合活动：要求至少设计1个与线上推广活动相配合的线下活动。所有活动要有具体的推广时间、地点、活动内容、实施安排，活动具有较强的可操作性
	8. 经费预算	经费预算与分配表费用预算合理、可行
	9. 效果评估	有效果评估，效果评估合理，符合企业要求
创新方面		方案有一定新意，见解独到

二、毕业设计作品的文本格式

为了使毕业设计规范统一，所有学校对毕业设计作品的文本都做了明确、具体的要求，毕业设计作者应按照具体的要求和模板进行格式调整，使毕业设计作品规范、美观。

（一）页面设置

毕业设计一般采用A4纸，方向纵向，页边距：上、下、左、右均为2.5厘米。页码置于页底边，居中，如图2-5所示。毕业设计作品一般双面打印。

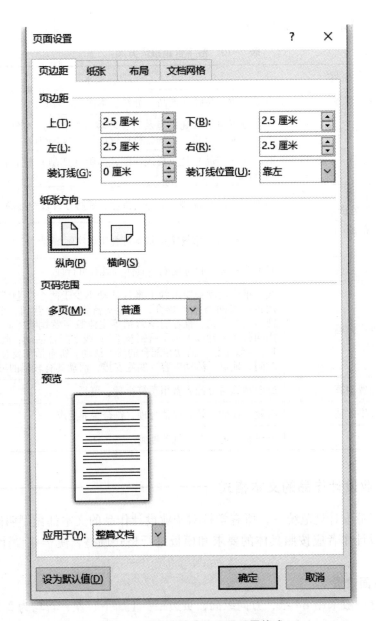

图 2-5　毕业设计作品页面设置格式

（二）封面

封面采用统一格式（见图 2-6），注意书写内容的下划线要整齐、一样长。有些文档编辑软件不可设置，可单击"插入"—"形状"—"线条"命令，插入相应的线条即可。

湖南环境生物职业技术学院（小一号黑体，居中）

毕业设计 （56号黑体，居中）

标题（小二号黑体加粗，居中，空一行）

院　　系＿＿＿＿商学院＿＿＿＿（三号宋体）

学生姓名＿＿＿＿＿＿＿＿＿＿

校内指导老师＿＿＿＿＿＿＿＿

校外指导老师＿＿＿＿＿＿＿＿

年级专业＿＿＿＿＿＿＿＿＿＿

2022年5月（小四号宋体）

图 2-6　设置封面格式

（三）目录

1. 目录的基本格式

目录标题："目录"两个字为 2 号黑体顶格居中，"目录"二字之间空一格，标题与目录内容之间要空一行。

目录内容：目录不能人工手动编制，必须让软件自动生成并形成相应的内容链接。目录内容只列两级，包括正文一、二级标题、参考文献、附录等。目录具体内容用小四号宋体、1.5 倍行距排印，如图 2-7 所示。

目　录

图 2-7　目录格式设置示例

2. 目录的生成操作步骤

（1）设置标题格式。选中文章中的一级标题，如"1. 毕业设计背景"，在格式菜单"样式与格式"列表中点击"标题1"，如图2-8所示。依次设置二级标题、参考文献、附录等。

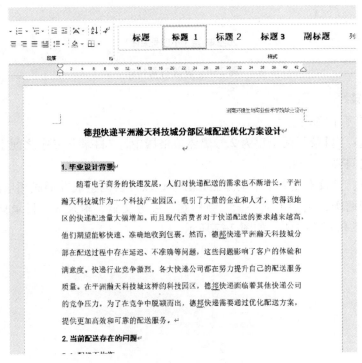

图 2-8　设置标题格式

（2）自动生成目录。把光标定位到"目录"两字下第二行左侧，单击菜单栏"引用-目录"，打开"目录"对话框，选择"自动目录"单击"确定"，如图 2-9 所示，毕业设计作品中的目录自动生成。

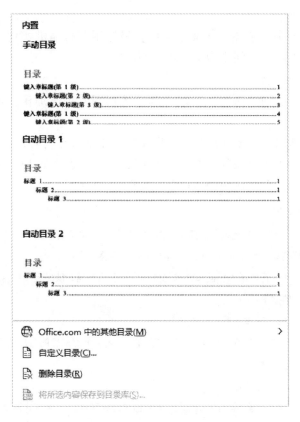

图 2-9　自动生成目录

（3）目录格式调整。选择目录文本，单击鼠标右键，在弹出列表中选择"段落"，在选项卡中进行相应的调整。

（4）目录的更新方法。当毕业设计作品进行相应修改导致标题或页码有变化时，选择整个目录区域，单击鼠标右键，在弹出的列表中选择"更新域"。如果选择"只更新页码"则自动更新页码，标题的内容不做修改；如果选择"更新整个目录"，则标题和页码全部更新，见图 2-10。

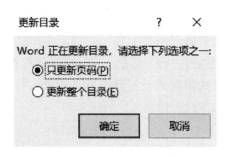

图 2-10　目录的更新

（四）作品正文格式设置

1. 选题名称

选题名称用三号黑体顶部居中；正文与标题之间要空一行。

2. 正文格式要求

正文内容用四号字、宋体。起文空两格，最好用首行缩进实现，不要用空格让文字右移两格，回行顶格。行间距为 1.5 倍行距。

正文内标题分级要求：

一级标题，数字后加小圆点，一级标题字体用四号黑体加粗，标题文字后不加标点符号，如"1."。

二级标题，字体用四号宋体加粗。标题文字后不加标点符号，如"1.1"。

三级标题，字体用四号宋体。如"1.1.1"，三级标题可以根据情况选用。如果不用三级标题可以跳过，直接使用四级标题，如图 2-11 所示。

,6.3 老年人

　　老年人对传统中医药有较高的接受度，六神花露水的中药成分和驱蚊功效也非常满足这一人群的夏季使用需求。

　　此次促销活动将涵盖六神品牌的以下系列产品，以满足不同目标群体的需求：

　　（1）花露水系列

　　主要产品包括经典款和新款花露水，适合家庭成员的日常使用，特别是夏季驱蚊防瘙。

　　（2）沐浴露系列

　　含有中药成分的沐浴露，适合追求健康和自然生活方式的消费者。

　　（3）宝宝系列

　　专为儿童设计的温和护理产品，吸引有小孩的家庭消费群体。

　　（4）随身系列

　　便携装花露水和防蚊喷雾，适合都市白领和经常出门旅行的消费者。

图 2-11　正文标题设置示例

四级标题，字体用四号宋体，如"（1）"。

五级标题，字体用四号宋体，如"①"。

一级、二级标题一般应独占一行，标题文字后应无标点符号。

三、四、五级别的标题视情况或长短确定其是否独占行。如果为独占行，标题文字后应无标点；如果不是独占行，标题文字后应加句号。

3. 正文的具体内容

正文字体用四号宋体，段前、段后均为 0 行，1.5 倍行距，首行右缩进 2 个字的距离，回行顶格，如图 2-12 所示。

标题×××××（三号黑体加粗，居中）

1.一级标题（四号黑体，加粗）
1.1二级标题（四号宋体，加粗）
1.1.1三级标题（四号宋体）
（正文）××××× （四号宋体，行间距1.5倍，页边距上下左右各2.5 CM）

图 2-12　正文的格式要求

其操作方法如下：选择相应作品内容，单击"开始"菜单中的"段落"命令，如图 2-13 所示。按照要求，输入相应数据后，单击"确定"即可。

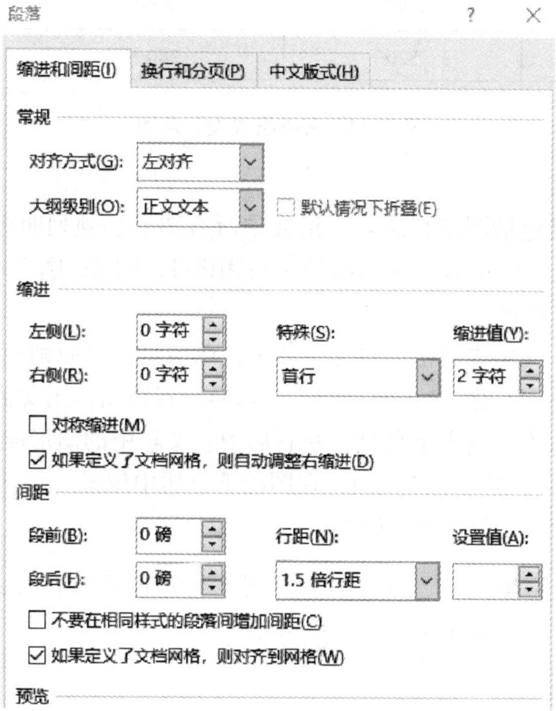

图 2-13　段落格式设置

4. 表格格式设置

（1）表头标题包括表序和表名，正文中所有表格必须列明标题，并通篇统一编号。因毕业设计一般不分章节，表格编号一般用表1、表2、表3……表格标题在表的上方，五号宋体，居中，加粗，表号居左，与表名之间空两格。表内数字有单位的必须注明单位，计量单位紧跟表名。表头 5 号宋体加粗。如表格出现续页，则第二页表格保留表头，并在右上角注明"续表"。

表格应在正文中先引出，以先见文字说明后见表格的原则设置表格在文中的位置，如正文中提及"见表1"或"如表1所示"，随后配置该表格，表文标题要相符。

（2）表体的上下端线一律使用粗实线（1.5 磅），其余表线用细实线（0.5 磅）。

表中数码、文字一律使用 5 号宋体。表格中的文字要注意上下居中与对齐。

（3）表格中的文字一般不需要首行缩进。表格的宽度应根据内容适当进行调整，做到表格美观、规范。

表格格式设置示例如图 2-14 所示。

都需要花费一定的资金用以维修办公设备，并且维修费超预算情况严重，

2018—2020 年公司办公设备维修费用与预算费用对比结果如表 1 所示。

表1　2018—2020 年公司办公设备维修费用与预算费用对比表　　　单位：元

时间	2018 年	2019 年	2020 年
维修支出	3120	3980	4760
预算	2600	3200	3800
差额	520	780	960

图 2-14　表格格式设置示例

5. 图形格式设置

（1）图形的标题包括图序和图名。正文中所有图形必须列明标题，并通篇统一编号。因毕业设计一般不分章节，图形编号一般用图 1、图 2、图 3……编排。图形编号居左，与图名之间空两格。

（2）图序应在正文中先引出，以先见文字说明后见图的原则设置图在文中的位置，如正文中提及"见图 1"或"如图 1 所示"，随后配置该图，图文标题要相符。

（3）图形的插入方式为上下环绕，左右居中。文章中的图形应统一编号并加图名，格式为"图 1　××图"，5 号宋体加粗，在图的下方居中编排。

图形格式设置示例如图 2-15 所示。

乔帛服饰是一家集研发、销售、生产等于一体的综合性企业。乔帛服饰

组织结构如（即本书图2-15）图1所示。

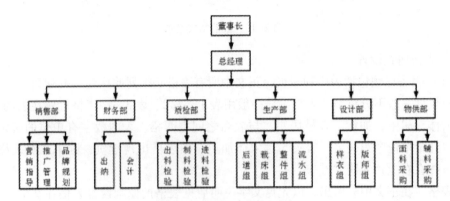

图 2-15　图形格式设置示例

6. 参考文献格式设置

参考文献部分主要书写设计中曾经参考的书籍、文献等资料，参考文献数量不少于 3 个，且一般为近 5 年内的文献。"参考文献"四字为 5 号宋体、加粗，在正文或附录后空两行顶格排印，参考文献内容另起行，顶格，用 5 号宋体、1.5 倍行距排印。各种文献的具体编排方式如下：

［1］作者. 图书名称［M］. 出版地：××出版社，出版年.

［2］作者. 期刊论文题名［J］. 期刊名，年，卷（期）：起止页码.

［3］作者. 硕博士论文题名［D］. 学校地址：学校名称，出版年：起止页码.

［4］作者. 文献题名［N］. ××报纸，出版日期（版面）.

［5］作者. 文献题名［EB/OL］. ××网址，发表日期.

参考文献格式设置示例如图 2-16 所示。

参考文献

[1]马敬泽. 智慧物流是建设现代物流体系的必然之路[N]. 现代物流报,2023-08-30(003).

[2]魏国. 共享包装在快递行业的应用研究[J]. 包装工程,2023(22):264-267.

[3]段世华. 跨境电商物流企业服务质量差距及其弥合研究[D]. 昆明：云南财经大学,2023:135-137.

[4]吴静. 数字经济对现代物流业发展水平的影响研究[D]. 重庆：重庆工商大学,2023:97-99.

[5]郝李静. 基于"智慧+共享"模式的物流企业应急物流能力影响研究[D]. 太原：山西财经大学,2023:189-192.

图 2-16　参考文献格式设置示例

（五）页眉及页码设置

除封面和目录外，毕业设计各页均须设置页眉，采用宋体小五号，居右，内容为"×××××学院毕业设计"。

毕业设计作品目录中的页码一般从正文第一页开始并按阿拉伯数字连续编排，封面、目录等前置部分无须页码。正文部分插入连续页码，页码位置居中。

其操作方法如下：

（1）因封面、目录等前置部分无须页码，因此必须在下拉菜单处选择"布局—分隔符—分节符—下一页"，如图 2-17 所示。这样一来，正文中设置页码时，前置部分不出现。（如果是 WPS 软件，则是在菜单中选择"插入—分页—分节符"）

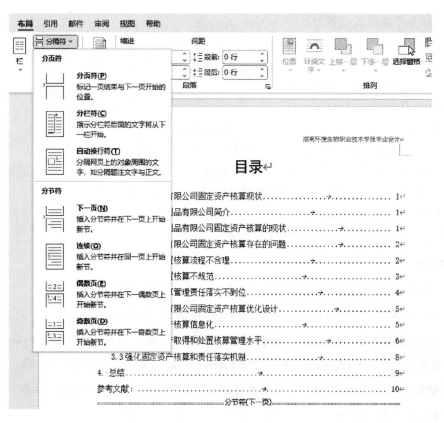

图 2-17　分节符的设置

（2）插入分节符后，需要在"页眉和页脚"栏中，点击"链接到前一节"取消链接，如图 2-18 所示。

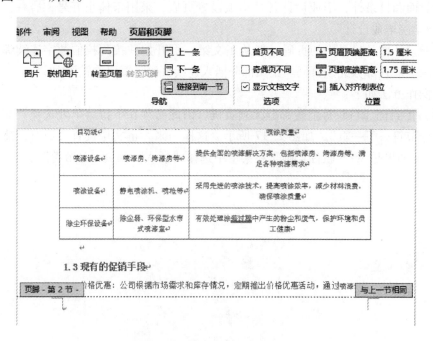

图 2-18　取消"链接到前一节"

（3）在正文部分，单击"插入—页码—页面底端"，在弹出的对话框，如图2-19
所示，选择样式"普通数字2"，单击"确定"即可。

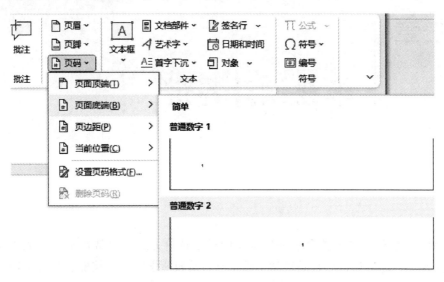

图2-19　页码的设置

第三章

毕业设计答辩

毕业设计答辩是高等教育中一种重要的教学评价方式，通常在学生完成毕业设计（或毕业论文）之后进行。它是对学生整个学习阶段所学知识、技能和综合素质的一次全面检验。

第一节 毕业设计答辩组织

一、毕业设计答辩的内涵

毕业设计答辩是指学生在完成毕业设计任务后，向指导教师展示说明自己的工作成果并回答相关问题的一种评估方式。

二、毕业设计答辩的流程

毕业设计答辩工作的流程通常由提交相关纸质和电子资料、拷贝和调试答辩 PowerPoint 幻灯片（以下简称"PPT"）、上台或线上汇报、提问与解答、评定成绩等环节构成。

（一）组建答辩小组

各教学院部应制订毕业设计答辩工作方案，根据专业组成答辩小组，每个答辩小组由 3~5 名讲师及以上职称的教师组成，也可聘请少数校外专家参加，应由一名副高及以上的教师担任组长，负责本专业毕业设计的答辩，答辩小组其他成员由组长提名，报院部毕业设计答辩工作指导小组审核，提交学院毕业设计工作领导小组审定。答辩工作方案应在答辩前一周报教务处备案。

（二）学生提交相关纸质和电子资料

学生必须在毕业设计答辩会举行前的一周，填写答辩申请表，获指导老师审核通过后制作答辩 PPT，参加答辩。并将经过指导老师审定并签署过意见的毕业设计资料（毕业设计任务书、毕业设计方案、毕业设计作品、毕业设计成果报告书、毕业设计答辩申请表、毕业设计答辩情况记录表学生填写的部分、毕业设计成绩评定表学生填写的部分）一式三份纸质稿及电子稿连同提纲、草稿等交给答辩小组成员。答辩前，答辩小组成员应审阅学生毕业设计以便有针对性地进行提问。毕业设计答辩申请表如表3-1所示。

表 3-1　×××××学院毕业设计答辩申请

填表日期：　年　月　日

姓名		学号	
专业		年级	
毕业设计选题			
指导老师	校内		职称	
	校外		职务	
简述毕业设计完成情况（选题意义、进展情况、取得的成绩和不足等）	申请人： 　年　月　日		
指导老师意见	指导老师签名： 　年　月　日		

表3-1(续)

姓名		学号	
二级院部 审查意见			
	二级学院院长签名： 年　月　日		

注：
1. 指导教师要根据学院的要求严格审查参加答辩学生的各项材料。
2. 毕业设计不符合规范要求的学生不能参加答辩。
3. 此表由二级院部留存。

（三）拷贝和调试答辩 PPT

毕业设计答辩必须做好答辩 PPT，学生在答辩前应将答辩 PPT 拷贝到指定的电脑中规定的文件夹，并进行试播，确保答辩时能正常播放。

（四）汇报及答辩

以学生个人或项目团队为单位，根据 PPT 汇报提纲，学生用 5~10 分钟的时间陈述毕业设计选题任务、目的，设计的基本内容、成果介绍及结论等。

（五）提问与解答

答辩小组提问，准备 2~3 个问题由学生回答，时间 5 分钟。提问的主要内容为专业基础知识；设计用到的基本方法及原理；毕业设计作品的科学性、规范性、完整性及实用性等，考察其发现问题、分析问题及解决问题的专业综合能力。

学生就教师的提问进行回答或论辩。根据学生回答的具体情况，答辩教师也可以适当地插问或启示、点评。回答问题可以是对话式，也可以是答辩教师一次性提出所有问题，学生按顺序逐一作答。回答问题时间为 6 分钟。

常见的问题有以下几种：

（1）你为什么选择这个选题？

（2）你希望通过毕业设计解决什么问题？

（3）你的毕业设计运用了哪些专业知识和设计方法？

（4）你的设计实施步骤是什么？

（5）毕业设计完成后，你最大的收获是什么？

（6）你打算如何改进和完善你的毕业设计？

答辩的过程情况应如实记录在"毕业设计答辩记录表"（见表 3-2）中。

表 3-2　××××学院毕业设计答辩记录

专业		班级	
姓名		学号	
选题名称			
答辩时间		答辩地点	

答辩记录：

说明：1. 本表由答辩记录员填写。2. 本表与学生毕业设计一同在二级学院存档。

（六）毕业设计答辩成绩的评定

学生答辩完成后，答辩小组根据毕业设计作品质量、汇报过程、答辩情况，经集体讨论后综合评定每名学生的成绩，书写答辩意见，并全体签名确认。一般可采用百分制评分。毕业设计答辩评分表如表 3-3 所示。

表 3-3　××××学院毕业设计答辩评分

二级学院：_____专业：_____学生姓名：_____

选题名称	
作品呈现形式	□产品设计　□工艺设计☑方案设计

表3-3(续)

1. 格式规范分（计20分）	评分
A. 格式规范，符合学校规定的毕业设计撰写格式要求，文字表达准确、语句通畅 　　　　　　　　　　　　　　　　　　　　　　　　　　（20分） B. 毕业设计撰写格式要求中有1项或2项不合格者　　　　　　（16分） C. 毕业设计撰写格式要求中有3项或4项不合格者　　　　　　（12分） D. 毕业设计撰写格式要求中超过4项不合格者　　　　　　（小于10分）	

2. 设计成果质量分（计20分）	
A. 能熟练运用本专业所必需的基础理论和专业知识，分析问题，解决问题，理论准确，概念清楚，应用合理，层次清晰，逻辑性强，论证严密　　　　　（20分） B. 毕业设计正文质量较好，无原则性表达错误　　　　　　　（16分） C. 毕业设计正文质量一般，出现个别原则性表达错误　　　　（12分） D. 毕业设计正文质量很差，非原则性表达错误较多　　　（小于10分）	

3. 介绍表达情况分（计30分）	
A. 语言表达清楚，简洁，流利，重点突出，对设计项目非常熟悉　（30分） B. 语言表达较清楚，简洁，流利，重点较突出，对设计项目比较熟悉　（24分） C. 语言表达基本清楚，简洁，流利，重点基本突出，对设计项目基本熟悉　（18分） D. 语言表达不太清楚，简洁，流利，重点不太突出，对设计项目不熟悉 　　　　　　　　　　　　　　　　　　　　　　　　　（小于15分）	

回答问题表现分（计30分）	
A. 回答问题非常准确，表述非常清楚、流畅　　　　　　　　（30分） B. 回答问题比较准确，表述比较清楚、流畅　　　　　　　　（24分） C. 回答问题基本准确，表述基本清楚、流畅　　　　　　　　（18分） D. 回答问题不太准确，表述不太清楚、流畅　　　　　　（小于15分）	

答辩教师签字	年　月　日	总评分

说明：1. 本表与学生毕业设计一同在二级学院存档；2. 凡发现毕业设计成果剽窃和抄袭他人成果（包括完全雷同），或以论文、实习总结、实习报告等方式呈现的，一律按零分处理。

第二节　毕业设计答辩的原则

在毕业设计答辩中，提问与解答环节是非常关键的。它不仅考查了你的知识掌握程度，还体现了你的思维能力和沟通技巧。以下是一些在毕业设计提问与解答时的注意事项：

在毕业设计答辩中，主答辩老师在提问时会遵循一些原则，以确保答辩过程的公平性、有效性和高效性。以下是一些主答辩老师通常会遵循的提问原则：

（1）公平性原则。一是平衡性：确保每个答辩者都有相似的机会接受提问和回答。二是客观性：问题应基于设计的客观标准，而不是个人偏好。

（2）引导性原则。一是逐步深入：从基础性问题开始，逐步深入专业和复杂的问题。二是先易后难：首先提出简单的问题，帮助答辩者进入状态，然后逐渐增加难度。

（3）针对性原则。一是相关性：问题应紧密围绕毕业设计的内容，聚焦关键点和核心问题。二是个体差异：考虑到每个答辩者的设计内容和个人特点，提出有针对性的问题。

（4）激励性原则。一是启发性：问题应激发答辩者的思考，鼓励其展示分析问题和解决问题的能力。二是鼓励创新：鼓励答辩者分享创新的思路和方法。

（5）探索性原则。一是深度探索：通过提问引导答辩者深入探讨设计的理论基础和实践应用。二是未知领域：提出一些探索性的问题，以了解答辩者对未知领域的看法和思考。

（6）有效性原则。一是明确性：问题应该表述清晰，避免含糊不清或歧义。二是可操作性：问题应能够让答辩者有效地回答，而不是过于开放或无法回答。

（7）限时性原则。一是时间控制：控制提问和回答的时间，确保答辩过程按时完成。二是效率优先：在有限的时间内提出关键问题，获取最有价值的信息。

（8）教育性原则。一是促进学习：问题应该有助于答辩者从答辩过程中学习和成长。二是反馈指导：通过提问给予答辩者有益的反馈和指导。

主答辩老师在提问时，会综合考虑以上原则，以确保答辩过程的顺利进行，同时也能够全面评估答辩者的学术水平和综合素质。对于答辩者而言，了解这些原则有助于更好地准备答辩，预测可能出现的问题，并有效地进行回答。

在毕业设计答辩过程中，答辩者的回答是非常关键的环节。以下是一些答辩者在回答问题时应当遵循的原则：

（1）准确性原则。一是理解问题：确保完全理解专家的问题，如果需要，可以请专家重复问题。二是给出正确答案：基于事实和数据进行回答，确保信息的准确性。

（2）清晰性原则。一是逻辑表述：回答时要有条理，先概述答案，再详细阐述。二是简洁明了：简明扼要的语言表达，避免冗长和复杂的叙述。

（3）客观性原则。一是客观分析：基于客观事实和分析进行回答，避免主观臆断。二是全面视角：从多个角度进行思考，提供全面的分析。

（4）诚实性原则。一是直面不足：如果问题涉及设计中的不足，诚实地承认并解释原因。二是不隐瞒事实：对于不知道或不确定的问题，不要猜测，而是诚实地表达。

（5）应变性原则。一是灵活应变：根据问题的性质灵活调整回答策略。二是处理突发情况：对于突发或难以预测的问题，保持冷静，尽可能合理应对。

（6）礼貌性原则。一是尊重专家：在回答问题时，保持礼貌和尊重，即使面对批评或质疑。二是感激反馈：对于专家的提问和反馈表示感谢。

（7）反馈性原则。一是总结反思：回答结束后，可以简短总结，并思考专家的问题的深层含义。二是吸收建议：对于专家的建议和批评，认真听取并思考如何修改。

（8）主动性原则。一是主动补充：如果回答中有需要补充的内容，可以主动提出。二是积极展示：如果问题涉及展示部分，可以主动展示。

在答辩者回答问题的过程中，不仅要展示自己的专业知识和技能，还要表现出良好的沟通和应变能力。通过上述原则的遵循，答辩者可以更加自信、有效地应对答辩中的提问。

第三节　毕业设计 PPT 的制作

毕业设计答辩 PPT 制作，以毕业设计成果报告书为主要线索，主要是选题背景、设计。

一、答辩 PPT 封面制作

答辩 PPT 封面是整个答辩演示的第一印象，一个专业、清晰的封面可以体现出你的认真和专业性。以下是制作答辩 PPT 封面时的一些建议：

（一）选择合适的模板

使用简洁、专业的模板，避免过于花哨或复杂的背景设计。根据学校或专业的规定，选择与学术氛围相符的设计。

（二）包含必要信息

以下是一些通常需要在答辩 PPT 封面上包含的信息。标题：毕业设计的标题，应清晰、醒目。副标题（如果有）：对标题的补充或详细描述。学生姓名：你的全名。学号：你的学生编号。指导教师：你的指导教师姓名。所属学院/专业：你所在学院或专业的名称。答辩日期：答辩的具体日期。学校徽标：某些学校可能要求在封面上包含学校徽标。

（三）设计要素

字体：使用清晰易读的字体，如宋体、黑体或 Arial。字号：标题字号应足够大，以便远距离观看，副标题和其他文字的大小应适当减小。颜色：使用不超过三种颜色，确保颜色搭配和谐，避免使用过多的颜色。图片/背景：如果使用图片或背景，确保它们与主题相关，且不分散注意力。

（四）封面布局

标题位置：通常放在封面的顶部或中间位置。其他信息：可以在标题下方或底部排列，保持整齐和对称。

（五）评审和修改

制作完成后，仔细检查所有信息的准确性；可以向指导教师或同学展示封面，获取反馈意见并进行必要的修改。

图 3-1 是一个简单的毕业设计答辩 PPT 封面示例。

二、答辩 PPT 提纲制作

毕业设计答辩汇报提纲，要起到提纲挈领的作用。汇报提纲不是毕业设计作品的目录摘录，两者有联系，但也有差别。毕业设计汇报提纲一般从选题背景、主要任务、设计过程、主要成果、特色创新、体会收获等方面展开，如图 3-2 所示。

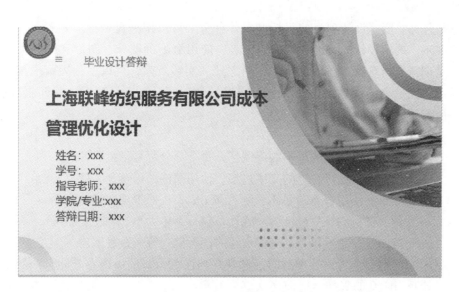

图 3-1　毕业设计答辩 PPT 封面

图 3-2　毕业设计答辩 PPT 汇报提纲

三、答辩汇报 PPT 内容组织

做好 PPT 是答辩好的重要环节。一般有下列要点：

（1）毕业设计 PPT 答辩内容的组织需要精心策划，以便清晰、有效地展示你的设计项目。以下是一个组织毕业设计 PPT 答辩内容的详细指南：一是封面。设计项目名称，你的姓名、学号、专业，指导教师姓名，答辩日期；学校及学院名称。二是目录。概述 PPT 的主要部分，帮助专家了解即将展示的内容。三是个人介绍。简短介绍自己的背景和研究兴趣，阐述选择该毕业设计项目的动机。四是设计背景与意义。项目的背景信息，包括行业现状、市场需求等。五是设计项目的意义和预期的影响。六是设计目标与任务。明确设计项目的目标和具体任务，可以用项目目标形式展示。七是设计成果展示。展示设计的关键成果，如图表，使用清晰的图像、图形和图表来辅助说明。八是创新点与贡献。强调设计的创新之处和实践贡献，可以用列表或框图的形式突出显示。九是小结。总结设计的主要成果和学习经验。十是致谢。感谢指导教师、同学等所有帮助过你的人。

（2）PPT组织的注意事项。

（1）逻辑性：确保内容的逻辑顺序流畅，每个部分都紧密相连。

（2）简洁性：避免幻灯片上的文字过多，使用简洁的语言和关键点。

（3）视觉效果：使用合适的字体、颜色和图表，确保视觉效果清晰。

（4）一致性：保持幻灯片设计的一致性，包括字体大小、颜色和布局。

（5）时间控制：控制好每个部分的展示时间，确保答辩过程紧凑。

在制作PPT时，要考虑答辩的时间和观众的注意力，确保内容既能全面展示设计项目，又能吸引听众的兴趣。提前多次练习答辩演讲，有助于你更好地掌握时间并提高自信心。

在毕业设计答辩汇报到最后时，可制作一张致谢PPT，如图3-3所示。

图3-3　致谢PPT

第四节　毕业设计成绩评定

学生毕业设计答辩完成后，指导老师要根据答辩情况及平时情况综合评定毕业设计成绩。学生的毕业设计成绩由平时成绩、成果成绩和答辩成绩三部分组成，毕业设计综合成绩按照平时成绩占总分的20%、成果成绩占总分的60%、答辩成绩占总分的20%予以评定。具体毕业设计评分成绩单如表3-4所示。

表 3-4　毕业设计评分成绩单

专业		班级	
姓名		学号	
设计课题			
指导老师		职称	
毕业设计评分			
序号	评分项目	得分（百分制）	折算得分
1	平时成绩（20%）		
2	成果成绩（60%）		
3	答辩成绩（20%）		
总成绩			
指导教师签名： 　　　　　　　　　　　　　　年　　月　　日			

最后总评按"优秀（90~100分）、良好（80~89分）、中等（70~79分）、合格（60~69分）、不合格（60分以下）"五级评定，优秀率应控制在专业学生数的20%以内。

未参加答辩者、未实习者、资料不全者、一无所知者、违反实习单位纪律造成不良影响者，可以评定为不合格。对毕业设计不合格的学生要限期整改或重新设计，在一定时期后重新组织答辩，仍不合格者不能正常毕业。

第四章

毕业设计标准

本标准依据《关于印发〈关于加强高职高专院校学生专业技能考核工作的指导意见〉〈关于进一步加强高职高专院校学生毕业设计工作的指导意见〉的通知》（湘教发〔2019〕22号）精神，结合我校实际制定。

第一节　财经商贸类专业毕业设计选题

一、大数据与会计专业

大数据与会计专业毕业设计分为财务会计类、财政税务类。其中，优化（方案）设计根据优化对象不同将进一步细分为制度优化设计、流程优化设计、内部控制优化设计、核算及管理优化设计等。

（一）财务会计类

（1）××公司（企业）会计岗位（优化）方案设计；

（2）××公司（企业）会计制度设计优化方案；

（3）××公司（企业）差旅费报销（优化）方案设计；

（4）××公司（企业）内部控制制度（优化）设计；

（5）××公司（企业）现有报账流程（优化）设计；

（6）××公司（企业）财产清查方案设计；

（7）××公司（企业）投资（筹资）方案设计；

（8）××公司（企业）××成本管理（优化）设计。

（二）财政税务类

（1）××企业××税务筹划方案设计；

（2）××公司（企业）存货管理方案（优化）设计；

（3）××公司（企业）员工薪酬（优化）方案设计；

（4）××企业××资产管理制度的优化设计；

（5）××企业××资产管理优化设计；

（6）××企业××资产核算制度优化设计；

（7）××企业××资金管理优化设计。

二、市场营销专业

市场营销专业毕业设计分为促销活动策划类、公关活动（包括庆典活动、赞助活动等）策划类、广告策划类、市场推广类。

（一）促销活动策划类

（1）××（企业/产品）××（节）促销活动策划方案；

（2）××（企业/产品）××（时间）促销活动策划方案。

（二）公关活动（包括庆典活动、赞助活动等）策划类

（1）××（企业）周年庆典活动策划方案；

（2）××（企业）开业庆典活动策划方案；

（3）××（企业）赞助活动策划方案；

（4）××（企业）新产品发布会策划方案；

（5）××（企业）××公关活动策划方案。

（三）广告策划类

××（企业/品牌/产品）广告策划方案。

（四）市场推广类

（1）市场推广类成果包含××（品牌/产品）××（市场/地区）市场推广方案（以线下为主、线上为辅）；

（2）××（品牌/产品）××（市场/地区）市场推广方案（以线上为主、线下为辅）。

三、现代物流管理专业

现代物流管理专业毕业设计分为物流作业方案（优化）设计类、物流营销方案（优化）设计类、物流综合管理方案（优化）设计类等。

（一）物流作业方案（优化）设计类

（1）×××企业库存管理优化设计；

（2）×××企业仓储业务流程分析及优化；

（3）×××企业仓库平面布局优化；

（4）×××企业仓储管理问题诊断及改进方案；

（5）×××物流企业×××区域配送路线优化；

（6）×××物流企业配送作业流程优化；

（7）×××物流企业配送中心车辆调度优化方案设计；

（8）×××快递企业作业规范、流程分析及改进方案。

（二）物流营销方案（优化）设计类

（1）×××物流企业目标客户选择与开发方案；

（2）×××物流企业营销策略现状分析与对策；

（3）×××物流企业×××营业部促销方案设计。

（三）物流综合管理方案（优化）设计类

（1）×××企业物流外包合作现状诊断及改进方案；

（2）×××企业物资采购业务流程分析及优化方案。

四、金融科技应用专业

金融科技应用专业毕业设计分为产品推广类、运营活动类、客户服务类、金融管理类。

（一）产品推广类

（1）××理财产品市场推广方案设计；

（2）××金融企业产品促销活动策划方案设计；

（3）××金融企业营销方案设计。

（二）运营活动类

（1）××金融企业线上运营方案设计；

（2）××金融产品用户运营方案设计。

（三）客户服务类

（1）××银行客户服务方案设计；

（2）××保险公司客户开发方案设计；

（3）××客户个人理财方案设计。

（四）金融管理类

（1）××小微企业融资方案设计；

（2）××公司金融职能设计方案设计；

（3）××企业投资风险防范方案设计；

（4）××金融企业员工激励方案设计。

第二节　毕业设计过程及要求

财经商贸类专业毕业设计过程及要求如表4-1所示。

表4-1　财经商贸类专业毕业设计过程及要求

阶段	对教师的要求	对学生的要求	时间安排
选题指导阶段	组织学生学习毕业设计标准相关事宜；召开毕业设计选题指导会；指导学生根据毕业实习落实单位确定相关选题；对选题审核表进行审核	仔细研读《毕业设计标准》相关要求，广泛阅读书籍、收集资料，根据实习情况和毕业设计备选题目表（附件2），与指导老师充分沟通意见并获得指导老师同意后确定选题	2024年11月1日—2024年12月15日

表4-1(续)

阶段	对教师的要求	对学生的要求	时间安排
开题论证阶段	组织召开开题论证会，对学生选题进一步审核论证；组织学生撰写毕业设计任务书	确定毕业设计的题目，设计目的、具体任务、实施步骤及相应的进度计划，完成毕业设计任务书（附件3），交教研室及院部审批确认	2024 年 12 月 16 日 — 2024 年 12 月 31 日
指导过程阶段	采取线上线下模式对毕业设计的撰写过程进行跟进和指导，对学生存在的问题提出宝贵意见和建议，帮助学生进行修改和完善，确保设计的完整性和准确性；对毕业设计重复率进行审核；对毕业设计过程成绩进行评定	根据毕业设计目的，进行相应的数据调研及资料收集整理，完成毕业设计总体框架构思，与指导老师充分沟通，获得相应的修改意见，填写相关毕业设计指导记录（附件4）。完成毕业设计初稿，并与指导老师充分沟通，获得相应的修改意见，填写相关毕业设计指导记录。在老师指导下进一步完善毕业设计，确保查重率低于20%，填写相关毕业设计指导记录。按毕业设计成果模板，完成毕业设计定稿工作	2025 年 1 月 1 日 — 2025 年 5 月 20 日
资料整理阶段	收集毕业设计指导记录表，指导学生填写答辩申请表	装订毕业设计成果，整理毕业设计指导记录表，准备答辩	2025 年 5 月 21 日 — 2025 年 5 月 22 日
成果答辩阶段	收集毕业设计成果，制作PPT	填写答辩申请表，获指导老师审核通过后制作答辩PPT，参加答辩	2025 年 5 月 23 日 — 2025 年 5 月 30 日
成果上传阶段	指导老师按要求将毕业设计相关资料上传网络；教研室负责将学生的毕业设计答辩记录表、毕业设计答辩评分表、毕业设计成绩总表及其他相关资料上交院部归档保存	学生按要求上交答辩记录表、毕业设计最终成果纸质稿及电子稿	2025 年 5 月 31 日 — 2025 年 6 月 15 日

第三节 毕业设计成果要求

一、大数据与会计专业

（一）财务会计类

1. 成果表现形式

对企业会计岗位、会计制度等方面的创建设计方案或优化设计方案。

2. 成果要求

（1）选题应结合实际的财务或会计问题，确保内容具有现实意义和应用价值，毕业设计需针对实际问题提出解决方案；

（2）毕业设计应包含企业简介、企业财务或会计管理现状、企业财务或会计管理存在的问题以及企业财务或会计管理优化设计等；

（3）毕业设计的内容应做到语言流畅，专业术语使用得当，逻辑清晰，避免冗长或不必要的表达；

（4）图表、数据应清晰可读，并附有必要的说明；

（5）毕业设计的格式应符合学校统一要求，如字体、行距、页码等细节问题；不少于 3 000 字。

（二）财政税务类

1. 成果表现形式

对企业税务筹划、资产管理等方面的创建设计方案或优化设计方案。

2. 成果要求

（1）选题应结合实际的纳税或资产管理问题，确保内容具有现实意义和应用价值，毕业设计需针对实际问题提出解决方案；

（2）毕业设计应包含企业简介、企业纳税或资产管理现状、企业纳税或资产管理存在的问题以及企业纳税或资产管理优化设计等；

（3）毕业设计的内容应做到语言流畅，专业术语使用得当，逻辑清晰，避免冗长或不必要的表达；

（4）图表、数据应清晰可读，并附有必要的说明；

（5）毕业设计的格式应符合学校统一要求，如字体、行距、页码等细节问题；不少于 3 000 字。

二、市场营销专业

（一）促销活动策划方案

1. 成果表现形式

（1）活动背景：企业大概介绍、促销产品介绍、本次促销活动背景。

（2）活动主题：有主题，主题鲜明、引人注目。

（3）活动目标：有活动目标，目标较为明确、具体、具有针对性。

（4）时间地点：选择恰当，与活动对象、活动方式相适应，时间选择得当，地点选择得当。

（5）对象选择：促销产品明确、活动对象选择基本准确。

（6）活动方式：刺激程度适当，与费用匹配，至少 3 种活动方式。

（7）实施安排：事前准备充分、事中人力、物力等布置妥当、事后有延续安排。

（8）广告配合：有广告配合，广告配合方式符合促销目标以及对象的媒介习惯。

（9）经费预算：有预算表，预算符合企业的背景与目标，预算分配合理。

（10）意外防范：具备处理意外问题的预案，要求两种以上简要预案，考虑合理度。

2. 成果要求

（1）毕业设计要求有明确的设计目的、具体任务、实施步骤及相应的进度计划等，该阶段工作具体体现在毕业设计任务书里面。

（2）毕业设计最终作品至少在经过初稿、修改稿、定稿三个过程后形成。

（3）毕业设计的主体部分应做到观点明确、结构合理、条理清晰、内容完整、资料翔实（毕业设计的资料来源要严格注明出处，如涉及企业机密可以以"某某企业"等字样代替）、文字通顺、引文规范，字数不少于 3 000 字，毕业设计查重率控制在 20%以内。

（二）公关活动策划方案

1. 成果表现形式

（1）活动背景：企业大概介绍、公关活动背景，背景阐述得当。

（2）市场分析：能从分析中达到了解企业公关现状和公关活动的迫切性。

（3）活动目标：有活动目标，目标明确、具体、具有针对性。

（4）活动主题：有主题，主题鲜明、引人注目。

（5）活动对象：有明确的活动对象，公关对象选择符合企业市场要求。

（6）活动时间地点：选择恰当，与活动对象、活动主题相适应，时间选择得当，地点选择得当。

（7）活动项目流程设计：活动项目设计与目标、对象、费用相吻合（要求设计两个以上项目，每个项目），流程安排较为细致、正确，具有一定的可行性（每个小项目）。

（8）媒介宣传：有媒介宣传，媒介选择合理，宣传效果较为显著。

（9）进度安排、物料准备：对活动全过程拟成时间表，何地需要哪些物料，需要怎么布置进行安排。

（10）费用预算：有预算与分配表，费用预算合理、可行。

（11）效果评估：有效果评估，公关效果评估合理，符合企业要求。

2. 成果要求

（1）毕业设计要求有明确的设计目的、具体任务、实施步骤及相应的进度计划等，该阶段工作具体体现在毕业设计任务书里面。

（2）毕业设计最终作品至少在经过初稿、修改稿、定稿三个过程后形成。

（3）毕业设计的主体部分应做到观点明确、结构合理、条理清晰、内容完整、资料翔实（毕业设计的资料来源要严格注明出处，如涉及企业机密可以以"某某企业"等字样代替）、文字通顺、引文规范，字数不少于 3 000 字，毕业设计查重率控制在 20%以内。

（三）广告策划方案

1. 成果表现形式

（1）策划背景：企业大概介绍、产品介绍，背景阐述得当。

（2）市场分析：包括企业的宏观环境以及行业分析、消费者分析、竞争对手定位分析、产品的特点分析，市场分析比较确切。

（3）市场策略：营销目标明确、产品定位比较准确、广告目标具体。

（4）广告表现：广告诉求对象合适、广告主题醒目、广告创意（广告语、广告片等）符合广告目标以及产品定位、消费者习惯，能较好地表现广告的诉求点。

（5）广告媒介：媒介选择符合消费者媒介接触习惯、与经费预算、广告目标相适应，具有可行性。要求使用三种以上不同的媒介方式。

（6）广告预算：用广告活动经费的预算与分配表的方式来体现，活动经费预算合理可行，分配妥当。

（7）广告效果的评估：阅读率或视听率、广告记忆度、广告好感度、广告的购买动机与行动率、广告费用指标、市场占有率指标、广告效果指标（必须包括三种以上评估方法）。

2. 成果要求

（1）毕业设计要求有明确的设计目的、具体任务、实施步骤及相应的进度计划等，该阶段工作具体体现在毕业设计任务书里面。

（2）毕业设计最终作品至少在经过初稿、修改稿、定稿三个过程后形成。

（3）毕业设计的主体部分应做到观点明确、结构合理、条理清晰、内容完整、资料翔实（毕业设计的资料来源要严格注明出处，如涉及企业机密可以以"某某企业"等字样代替）、文字通顺、引文规范，字数不少于 3 000 字，毕业设计查重率控制在 20% 以内。

（四）市场推广方案

××（品牌/产品）××（市场/地区）推广方案（以线下为主、线上为辅）如下：

1. 成果表现形式

（1）推广背景：品牌（产品）大概介绍、品牌（产品）推广活动背景介绍，背景阐述得当。

（2）市场分析：市场分析包括宏观环境分析以及行业环境分析、推广对象分析、竞争品（品牌）分析，市场分析比较透彻、基本到位。

（3）品牌（产品）分析：对品牌（产品）特点描述详细，品牌（产品）核心利益点分析较为准确。

（4）品牌（产品）SWOT 分析：品牌（产品）优势、劣势，机会、威胁分析较为准确。

（5）品牌（产品）定位：品牌（产品）市场定位基本符合市场实际情况，定位具有竞争力。

（6）推广目标：有推广目标，目标明确、具体、具有可行性。

（7）推广策略：要求线下推广活动不少于两个主题活动，且必须使用两种或两种以上的活动形式（包括广告、公关和促销）；线上配合活动方面，要求至少设计一个与线下推广活动相配合的线上活动。所有活动有具体的推广时间、地点、活动内容、实施安排，有较强的可操作性。

（8）经费预算：有经费预算与分配表，费用预算合理、可行。

（9）效果评估：有效果评估，效果评估合理，符合企业要求。

2. 成果要求

（1）毕业设计要求有明确的设计目的、具体任务、实施步骤及相应的进度计划等，该阶段工作具体体现在毕业设计任务书里面。

（2）毕业设计最终作品至少在经过初稿、修改稿、定稿三个过程后形成。

（3）毕业设计的主体部分应做到观点明确、结构合理、条理清晰、内容完整、资料翔实（毕业设计的资料来源要严格注明出处，如涉及企业机密可以以"某某企业"等字样代替）、文字通顺、引文规范，字数不少于 3 000 字，毕业设计查重率控制在 20% 以内。

（五）数字营销推广方案

××（品牌/产品）××（市场/地区）推广方案（以线上为主、线下为辅）如下：

1. 成果表现形式

（1）推广背景：品牌（产品）大概介绍、品牌（产品）推广活动背景介绍，背景阐述得当。

（2）市场分析：市场分析包括宏观环境分析以及行业环境分析、推广对象分析、竞争品（品牌）分析，市场分析比较透彻。

（3）品牌（产品）分析：对品牌（产品）特点描述详细，品牌（产品）核心利益点分析较为准确。

（4）品牌（产品）SWOT 分析：品牌（产品）优势、劣势，机会、威胁分析较为准确。

（5）品牌（产品）定位：品牌（产品）市场定位基本符合市场实际情况，定位具有竞争力。

（6）推广目标：有推广目标，目标明确、具体、具有可行性。

（7）推广策略：要求线上推广活动不少于两个主题活动，综合运用各新兴网络推广媒介，将社交营销、App 营销、小程序营销、搜索引擎营销、推荐引擎营销等主流数字营销技术融入其中（需用两种或两种以上数字营销技术）；在线下配合活动方面，要求至少设计 1 个与线上推广活动相配合的线下活动。所有活动要有具体的推广时间、地点、活动内容、实施安排，活动具有较强的可操作性。

（8）经费预算：有经费预算与分配表，费用预算合理、可行。

（9）效果评估：有效果评估，效果评估合理，符合企业要求。

2. 成果要求

（1）毕业设计要求有明确的设计目的、具体任务、实施步骤及相应的进度计划等，该阶段工作具体体现在毕业设计任务书里面。

（2）毕业设计最终作品至少在经过初稿、修改稿、定稿三个过程后形成。

（3）毕业设计的主体部分应做到观点明确、结构合理、条理清晰、内容完整、资料翔实（毕业设计的资料来源要严格注明出处，如涉及企业机密可以以"某某企业"等字样代替）、文字通顺、引文规范，字数不少于 3 000 字，毕业设计查重率控制在 20% 以内。

三、现代物流管理专业

（一）物流作业方案（优化）设计类

1. 成果表现形式

（1）毕业设计背景：要涉及实习公司基本情况介绍、毕业设计的切入点说明（实习岗位介绍）、毕业设计的现实意义说明三个方面。

（2）现状及存在的问题：采用作业流程图、布局图等多种直观的图表形式进行现状及问题分析；现状分析要突出仓储相关作业中心内容，分析目标明确，问题诊断要透彻、具体，且与现状分析匹配。

（3）方案（优化）设计：方案（优化）设计要绘制整体思路结构图，充分体现仓储管理相关知识和技能的应用；作业流程、线路优化等要有改良前后对照图并附加文字说明；策略、制度等采用表格直观形式表达；方案（优化）设计具有可行性。

（4）小结：要体现整个毕业设计工作内容、特点及未来展望。

2. 成果要求

（1）毕业设计要求有明确的设计目的、具体任务、实施步骤及相应的进度计划等，该阶段工作具体体现在毕业设计任务书里面，详见附件3。

（2）方案有效运用本专业所学的相关知识、技能、技术等，解决实习公司的某一仓储作业的实际问题。

（3）方案的内容体现提出问题、分析问题与解决问题的逻辑架构，应做到观点明确、结构合理、条理清晰、内容完整、资料翔实（毕业设计的资料来源要严格注明出处，如涉及企业机密可以以"某某企业"等字样代替）文字通顺、格式规范。

（4）毕业设计最终成果至少在经过初稿、修改稿、定稿三个过程后形成。

（5）字数不少于3 000字，毕业设计查重率控制在20%以内。

（6）整个毕业设计过程要求有相应的过程资料，包括毕业设计指导记录表（附件4）、资料收集过程记录等，形式可以是图表、视频、文字等。

（二）物流营销方案（优化）设计类

1. 成果表现形式

（1）毕业设计背景：要涉及实习公司基本情况介绍、毕业设计的切入点说明（实习岗位介绍）、毕业设计的现实意义说明三个方面。

（2）现状及存在的问题：采用作业流程图、规章制度表等多种直观的图表形式进行现状及问题分析；现状分析要突出客户关系管理、物流市场开发相关工作的中心内容，分析目标明确，问题诊断要透彻、具体，且与现状分析匹配。

（3）方案（优化）设计：方案（优化）设计要绘制整体思路结构图，充分体现客户关系管理、物流市场营销相关知识和技能的应用；优化改良方案要有前后对照图、表并附加文字说明；方案（优化）设计具有可行性。

（4）小结：要体现整个毕业设计工作内容、特点及未来展望。

2. 成果要求

（1）毕业设计要求有明确的设计目的、具体任务、实施步骤及相应的进度计划等，该阶段工作具体体现在毕业设计任务书里面，详见附件3。

（2）方案有效运用本专业所学的相关知识、技能、技术等，解决实习公司的某一客户关系管理中的实际问题。

（3）方案的内容体现提出问题、分析问题与解决问题的逻辑架构，应做到观点明确、结构合理、条理清晰、内容完整、资料翔实（毕业设计的资料来源要严格注明出处，如涉及企业机密可以以"某某企业"等字样代替）文字通顺、格式规范。

（4）毕业设计最终成果至少在经过初稿、修改稿、定稿三个过程后形成。

（5）字数不少于 3 000 字，毕业设计查重率控制在 20% 以内。

（6）整个毕业设计过程要求有相应的过程资料，包括毕业设计指导记录表（附件4）、资料收集过程记录等，形式可以是图表、视频、文字等。

（三）物流综合管理方案（优化）设计类

1. 成果表现形式

（1）毕业设计背景：要涉及实习公司基本情况介绍、毕业设计的切入点说明（实习岗位介绍）、毕业设计的现实意义说明三个方面。

（2）现状及存在的问题：现状分析要突出采购管理、物流管理或供应链管理等相关工作内容，分析目标明确，问题诊断要透彻、具体，且与现状分析匹配。

（3）方案（优化）设计：方案（优化）设计要绘制整体思路结构图，充分体现采购管理、物流管理、供应链管理等相关知识和技能的应用；优化改良方案要有前后对照图、表并附加文字说明；方案（优化）设计具有可行性。

（4）小结：要体现整个毕业设计工作内容、特点及未来展望。

2. 成果要求

（1）毕业设计要求有明确的设计目的、具体任务、实施步骤及相应的进度计划等，该阶段工作具体体现在毕业设计任务书里面，详见附件3。

（2）方案有效运用本专业所学的相关知识、技能、技术等，解决实习公司的某一客户关系管理中的实际问题。

（3）方案的内容体现提出问题、分析问题与解决问题的逻辑架构，应做到观点明确、结构合理、条理清晰、内容完整、资料翔实（毕业设计的资料来源要严格注明出处，如涉及企业机密可以以"某某企业"等字样代替）文字通顺、格式规范。

（4）毕业设计最终成果至少在经过初稿、修改稿、定稿三个过程后形成。

（5）字数不少于 3 000 字，毕业设计查重率控制在 20% 以内。

（6）整个毕业设计过程要求有相应的过程资料，包括毕业设计指导记录表（附件4）、资料收集过程记录等，形式可以是图表、视频、文字等。

四、金融科技应用专业

1. 成果表现形式

方案设计类毕业设计成果通常为一个完整的方案。

2. 成果要求

（1）毕业设计要求有明确的设计目的、具体任务、实施步骤及相应的进度计划等，该阶段工作具体体现在毕业设计任务书里面，详见附件3。

（2）毕业设计最终作品至少在经过初稿、修改稿、定稿三个过程后形成。

（3）方案内容与本专业的知识、技能、技术相关；方案有效运用本专业的知识、技能、技术解决单位的某一实际问题；方案的内容体现提出问题、分析问题与解决问题的逻辑架构；方案设计的外在形式与内容结构符合规范化要求；毕业设计作品不少于 3 000 字，毕业设计查重率控制在 20% 以内。

第四节　毕业设计评价指标

毕业设计评价指标及权重见表4-2。

表4-2　毕业设计评价指标及权重

评价指标及权重	指标的内涵	分值权重/%
设计过程/20%	严格按照毕业设计进度计划开展毕业设计工作	10
	积极、主动与指导老师进行毕业设计相关沟通，定期向指导老师进行毕业设计阶段成果汇报，按照规定时间完成毕业设计初稿、修改和定稿工作	5
	认真撰写毕业设计指导过程记录表，过程资料整理完整，上交及时	5
作品质量/60%	科学性：1. 技术路线科学、可行，步骤合理，方法运用得当；2. 技术标准等运用正确，技术原理与理论依据选择合理，相关数据来源可靠、计算准确；3. 应用了本专业领域中的新知识、新技术、新方法	18
	规范性：1. 成果要素齐全、层级分明、结构严谨、排版规范、文字表述流畅；2. 成果内容的表述符合财经商贸类行业标准或专业语言的规范化要求；3. 成果引用的参考资料、参考方案等来源标识规范、准确	12
	完整性：1. 成果与毕业设计任务书的要求紧密相关；2. 成果能清晰呈现提出问题、分析问题、解决问题的逻辑架构；3. 成果的外在形式与内容结构完整	18
	实用性：1. 成果对象与企业实际工作密切相关；2. 成果内容与本专业的知识、技能、技术相关；3. 成果价值能解决单位经营管理中的实际问题	12
答辩情况/20%	格式规范，符合学校规定的毕业设计撰写格式要求，文字表达准确、语句通畅	4
	能熟练运用本专业所必需的基础理论和专业知识，分析问题，解决问题，理论准确，概念清楚，应用合理，层次清晰，逻辑性强，论证严密	4
	语言表达清楚，简洁，流利，重点突出，对设计项目熟悉	6
	回答问题准确，表达非常清楚、流畅	6

第五节 附 录

附件1

××专业毕业设计指导对象

组号	指导老师	联系电话、QQ	学生名单	人数
第一组				
第二组				
第三组				
第四组				
第五组				
第六组				
第七组				
第 X 组				
合计				

附件2

毕业设计备选题目

序列号	题目名称
1	
2	
3	
4	
5	
6	
7	
8	
9	
10	
11	
…	
…	
…	
…	

序列号	题目名称
…	
…	
…	

附件3

毕业设计任务书

选题名称					
学生姓名		学号		专业班级	
指导教师	校内			职称	
	校外			职务	
起止时间					
目的					
任务					
实施步骤					
主要方法					
进度安排					
成果表现形式	□产品设计　　□工艺设计　　☑方案设计				
参考文献					

指导教师意见	
	指导教师（签名）： 年　月　日
教研室审查意见	教研室主任（签名）： 年　月　日
二级学院意见	负责人（签名）：　　　　　（公章） 年　月　日

注：1. 该表作为下达毕业设计任务的依据，由指导教师指导学生填写，经所在教研室讨论，二级学院负责人签名后生效；2. 此表一式两份，一份二级学院存档，一份教研室存档；3. 签名、盖章后的电子档上传。

第四章　毕业设计标准

毕业设计指导记录

学生姓名		所在学院		专业班级		
毕业设计选题				指导老师	校内	
					校外	
指导记录	指导日期			指导方式		
	指导主题					
指导记录	指导日期			指导方式		
	指导主题					
指导记录	指导日期			指导方式		
	指导主题					
指导记录	指导日期			指导方式		
	指导主题					

附件 5

湖南环境生物职业技术学院毕业设计成果评分

学生姓名			所在院部			
学号			专业班级			
校内指导教师姓名		职称		所在教研室		
校外指导教师姓名		职务		所在单位		
选题名称						
评价指标		指标内涵			分值	评分
科学性 （30分）		技术路线科学、可行，步骤合理，方法运用得当			5	
		技术标准等运用正确，技术原理与理论依据选择合理，相关数据来源可靠、计算准确			15	
		应用了本专业领域中新知识、新技术、新方法			10	
规范性 （20分）		成果要素齐全、层级分明、结构严谨、排版规范、文字表述流畅			10	
		成果内容的表述符合财经商贸类行业标准或专业语言的规范化要求			7	
		成果引用的参考资料、参考方案等来源标识规范、准确			3	
完整性 （30分）		成果与毕业设计任务书的要求紧密相联			10	
		成果能清晰呈现提出问题、分析问题、解决问题的逻辑架构			15	
		成果的外在形式与内容结构完整			5	
实用性 （20分）		成果对象与企业实际工作密切相关			5	
		成果内容与本专业的知识、技能、技术相关			10	
		成果价值能解决单位经营管理中的实际问题			5	
指导老师签名： 年　月　日					总分	

说明：1. 本表与学生毕业设计同在二级学院存档。

2. 凡发现毕业设计成果剽窃和抄袭他人成果（包括完全雷同），或以论文、实习总结、实习报告等方式呈现的，一律按零分处理。

湖南环境生物职业技术学院毕业设计评分成绩单

专业		班级		
姓名		学号		
设计课题				
指导老师		职称		
毕业设计评分				
序号	评分项目		得分（百分制）	折算得分
1	平时成绩（20%）			
2	成果成绩（60%）			
3	答辩成绩（20%）			
总成绩				
指导老师签名： 年　月　日				

注：成果成绩和平时成绩，由指导老师根据学生毕业设计的成果和平时表现进行评分，从任务完成情况、工作能力、成果质量等方面进行综合考评。答辩成绩为答辩评议表上答辩组给出的成绩。总成绩为各项折算后的得分之和。

第五章 | 大数据与会计专业 毕业设计示例

示例1 苏州××信息科技有限公司 管理费用控制优化方案

湖南环境生物职业技术学院毕业设计任务书

选题名称	苏州××信息科技有限公司管理费用控制优化方案				
学生姓名	×××	学号	×××	专业班级	×××
指导教师	校内	×××	职称	×××	
	校外	×××	职称	×××	
起止时间	2020 年 11 月 1 日—2021 年 6 月 1 日				
目的	以实习单位苏州××信息科技有限公司为平台，结合实习岗位，选择"苏州××信息科技有限公司管理费用控制优化方案"为毕业设计题目，目的在于结合专业所学、实习所得，培养发现、分析、解决问题的能力，掌握分析、运用资料的方法和提高收集、整理资料的能力				
任务	1. 了解企业的基本情况； 2. 掌握管理费用控制的方法； 3. 了解企业管理费用控制现状，探讨管理费用控制存在的问题及原因； 4. 企业管理费用控制优化方案设计				
实施步骤	1. 确定选题。根据实习单位的业务内容和自身工作实践确立毕业设计选题。 2. 调查分析。了解实习单位的基本情况，熟悉实习单位业务，调查企业管理费用控制现状，分析实习单位该项业务存在的问题。根据选题拟定提纲，线上线下收集相关资料。 3. 设计阶段。分析整理资料，在校内和企业指导老师的共同指导下，形成写作思路，开始进行毕业设计。 4. 定稿答辩。在指导教师的帮助下优化毕业设计并定稿，完成毕业设计答辩的相关工作				
主要方法	文献查阅法、调查分析法等				

高职毕业设计指导手册（财经商贸类）

选题名称	苏州××信息科技有限公司管理费用控制优化方案		
进度安排	1. 选题阶段（2020年11月1日—2020年12月31日）：确定选题，撰写毕业设计任务书。 2. 调研阶段（2021年1月1日—2021年2月28日）：完成企业现场调研和文献查阅、资料收集整理工作。 3. 写作阶段（2021年3月1日—2021年5月20日）：撰写毕业设计作品初稿、二稿及定稿。 4. 成果整理及答辩阶段（2021年5月21日—2021年6月1日）：整理毕业设计成果资料，完成毕业设计答辩		
成果表现形式	□产品设计　□工艺设计　☑方案设计		
参考文献	[1] 刘彦君. 财务预算管理降低企业成本费用的探析 [J]. 中小企业管理与科技（下旬刊），2021（3）：59-60. [2] 杨奕影. 精细化视角下的企业成本费用管理控制策略探究 [J]. 商展经济，2021（5）：110-112. [3] 张宜. 供水企业成本费用管理探讨 [J]. 纳税，2021，15（7）：181-182. [4] 周晖. 工业制造企业加强成本费用管理的有效策略分析 [J]. 商讯，2021（5）：129-130. [5] 龚林生. 关于企业费用预算与控制管理的探讨 [J]. 纳税 2021，15（4）：169-17.		
指导教师意见	 指导教师（签名）： 年　月　日		
教研室审查意见	 教研室主任（签名）： 年　月　日		
二级学院意见	 负责人（签名）：　　　　　（公章） 年　月　日		

注：1. 该表作为下达毕业设计任务的依据，由学生填写，经所在教研室讨论，二级学院负责人签名后生效；2. 此表一式二份，一份二级学院存档，一份教研室存档；3. 签名、盖章后的电子档上传。

湖南环境生物职业技术学院

毕业设计

苏州××信息科技有限公司管理费用控制优化方案

院　　系：＿＿＿＿商学院＿＿＿＿

学生姓名：＿＿＿＿＿＿＿＿＿＿

校内指导老师：＿＿＿＿＿＿＿

校外指导老师：＿＿＿＿＿＿＿

年级专业：＿＿＿＿＿＿＿＿＿

2021 年 5 月

目　录

苏州××信息科技有限公司管理费用控制优化方案

1 公司概况及管理费用控制现状

苏州××信息科技有限公司（以下简称"公司"）成立于2014年，是国内领先的专业化金融科技及服务外包提供商，公司业务开展时树立了"客户至上，服务第一"的经营理念，从客户的需求出发，为客户提供针对性的服务。公司的经营发展速度不断加快，营业收入不断增加，2020年公司营业收入达到820.3万元。

随着公司业务规模的扩大，管理费用规模也在增大，2018—2020年公司管理费用规模情况如图1所示。

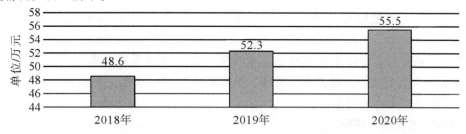

图1 2018—2020年公司管理费用规模

从上图中的数据可以看出，2018年公司的管理费用规模为48.6万元，2019年公司的管理费用规模为52.3万元，2020年公司的管理费用规模为55.5万元。管理费用规模扩大，占公司总费用的比重也在提高。2020年年末公司总费用构成情况如图2所示。

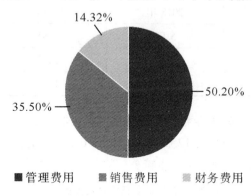

图2 2020年年末公司总费用构成情况

从图2可以看出，2020年年末，公司管理费用占总费用的比重达到50.2%。正是由于管理费用是公司费用支出最重要的形式，公司需要做好管理费用管理工作。

2 公司管理费用控制中的问题

2.1 办公用品管理不到位

办公活动开展中需要各种物资的支持，常用的包括打印机、复印纸、计算机等。公司应做好相应的办公物资管理工作，提升办公用品使用效率。公司在办公物品管理方面存在一些不足，具体体现在两个方面：

第一，在使用过程中，员工不爱护办公设备，公司缺乏对员工的有效教育，员工

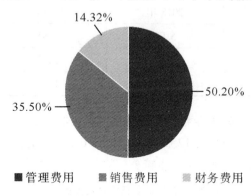

认识不到办公设备管理与自身的关系，一些办公设备由于使用出现损坏情况，每年公司都需要花费一定的资金用以维修办公设备，并且维修费超预算情况严重。2018—2020 年公司办公设备维修费用与预算费用对比结果如表 1 所示。

表 1　2018—2020 年公司办公设备维修费用与预算费用对比　　　单位：元

时间	2018 年	2019 年	2020 年
维修支出	3 120	3 980	4 760
预算	2 600	3 200	3 800
差额	520	780	960

从表 1 可以看出，2018 年公司办公设备维修支出的资金规模为 3 120 元，2020 年增加到 4 760 元，实际维修支出严重超出预算，2018 年超额 520 元，2020 年超额 960 元。

第二，缺乏对办公用品定期盘点，无法确保公司办公用品与账面数据是否一致。2020 年，公司没有对办公用品进行盘点，只有在年末进行盘点，发现公司办公的账实不一致，不得不紧急查明原因。

2.2　费用报销标准不明确

业务招待费也是管理费用的一种。近些年来，公司为了能够提高销售业绩，给客户留下良好的印象，会在业务开展中招待客户，公司的业务招待费规模随之扩大，占管理费用的比例也在提高，具体如表 2 所示。

表 2　2018—2020 年公司业务招待费规模

时间	2018 年	2019 年	2020 年
业务招待费/万元	5.97	6.85	7.55
管理费/万元	48.6	52.3	55.5
比例/%	12.3	13.1	13.6

从表 2 可以看出，公司业务招待费规模由 2018 年的 5.97 万元增加到 2020 年的 7.55 万元，占管理费的比例也由 12.3%增加到 13.6%。这是由于公司业务招待费报销时并没有制定完善的费用报销标准。当前公司的报销标准如表 3 所示。

表 3　公司业务招待费报销标准　　　单位：元/人

招待方式	基层员工	部门主管	公司经理
公司食堂	50	100	150
外部招待	300	500	1 000

结合表 3 中的数据可知，公司虽然也结合员工的级别明确了业务招待费报销标准，但是报销的金额比较大，这很容易造成员工在业务办理过程中出现铺张浪费、大吃大喝的情况。

2.3　审批报销流程不合理

费用报销是费用管理的重要内容，公司现有的费用报销流程不合理。以业务招待费为例，公司现有的业务招待费报销流程如图3所示。

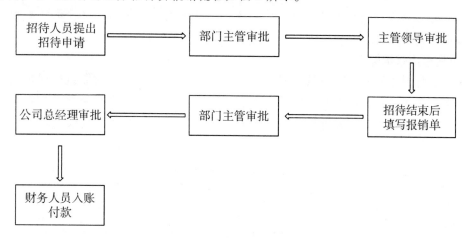

图3 业务招待费报销流程

从图3可以看出，公司业务招待费报销时首先提出申请，由部门主管以及主管领导审批后通过，业务招待结束后填写报销单，由部门主管以及公司总经理进行审批，审批通过后财务人员入账付款。现有的业务招待费报销流程中在事前审批阶段并没有总经理参与，只是由部门主管以及主管领导进行审批；而在事后报销方面，则是由部门主管以及公司总经理进行审批，财务部门并没有对单据的真实性、费用的合理性进行审批，这就容易导致员工在进行费用报销时出现虚报费用的情况。总体而言，公司现阶段无论是招待前审批还是招待后审批都存在审批主体单一的问题。为此，公司在进行费用报销时需要制定完善的审批流程。

3 公司管理费用控制优化方案

3.1 合理使用办公物资

公司要做好办公用品管理工作，从领用、维修、盘点和处罚四个方面入手，明确规定各项工作内容，从而有效地控制办公费。在领用方面，耐用品由各部门进行结合自身业务开展统一进行发放，新员工入职需要在"办公用品领用单"上签字，行政部门需要妥善保管档案。对于办公用品，在出现故障时应及时将情况反映给维修人员，由维修人员进行维修，从而延长办公用品的使用寿命；各部门的使用人员在使用办公用品，如笔记本、打印机时要合理使用，不得出现违规使用的情况；公司要定期对办公用品的保养、维护工作进行跟踪调查。

公司要做好办公物资盘点工作，每月固定时间进行盘点，如公司可以在每月月末25~26日进行盘点，财务人员进行监督。盘点结束后，将盘点结果与账面数据进行核对，查看两者是否一致，账实不符情况出现后要查明原因，如果盘亏是由于保管人员工作不力造成的，则需要由保管人员承担相应的损失；如果是客观原因造成的，则需要将情况反映给财务经理以及公司经理进行审批，作为资产损失进行账务处理。

在处罚方面，公司应建立处罚机制，具体的处罚措施如下：

（1）办公用品不得私用，如果出现私用情况，应对员工进行处罚，以约束员工行为；

（2）办公用品在使用时应本着节约的原则，对于浪费办公用品的员工，从当月绩效考核中扣除5分；

（3）员工应合理使用办公物品，使用不规范造成的办公用品损坏，则需要由员工承担责任，进行赔偿。

3.2 明确费用报销标准

业务招待费在控制时需要具有明确的报销标准，这样才能为业务招待费报销奠定基础。在明确费用报销标准时需要结合具体的情况，客户级别、招待方式都会影响到公司的报销标准。为此，公司需要结合客户级别以及招待方式制定如表4所示的报销标准。

表4　公司业务招待费报销标准　　　　　　　　单位：元/人

招待方式	基层员工	部门主管	公司经理
公司食堂	30	50	70
外部招待	100	150	200

随着招待客户级别的提升招待费用规模也在扩大，给予客户相应的重视。报销标准制定后财务人员需要严格按照标准进行费用报销。在业务中超出相应的标准需要经过管理人员授权，未经管理人员授权超额部分不予报销，应由员工独自承担，以此方式有效地控制业务招待费。

在进行费用报销时需要对单据进行核实，核实的内容包括以下两个方面：一是发票印章是否清晰，对于印章不清晰的发票不予报销；二是手工发票需要如实填写。凡是不符合规定的单据，财务部门需要将单据退回，由报销人员进行更正，未在规定时间内改正需要由经理授权才能重新报销。

3.3 健全费用审批报销流程

费用报销流程是费用管理工作开展时需要考虑的重要内容，合理优化费用报销流程能够提升报销效率，避免浪费情况出现。公司需要对费用报销审批流程进行优化，增加审批主体。以公司业务招待费为例，优化后的审批流程如图4所示。

业务招待费报销审批流程分为两个阶段，分别为事前审批与事后报销审批。在事前审批时，首先由招待人员填写"审批单"，由部门主管、主管领导以及公司总经理逐一审批，任何一级领导未通过审批都无法开展相应的活动。相比于之前的审批主体，增加了公司总经理审批，总经理可以对招待活动是否符合公司发展情况进行判断，确保招待活动合理。

在事后审批时，审批主体由之间的部门主管、公司总经理增加为部门主管、财务部门主管以及公司总经理。在公司总经理审批前由财务部门主管对招待人员提交的各项单据、发票等信息进行核对，确认经济事项合理、有效后由总经理进一步审批，通过拓展审批主体可以更好地发现员工报销中的问题。

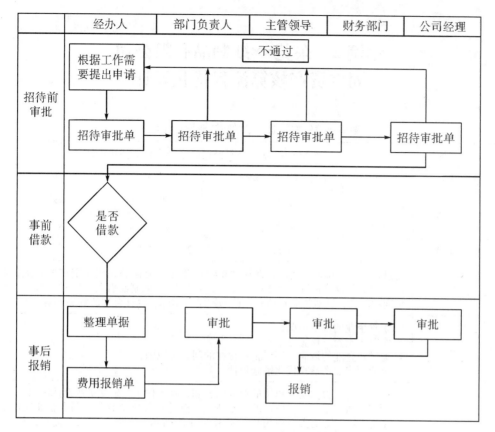

<table>
<tr><td></td><td>经办人</td><td>部门负责人</td><td>主管领导</td><td>财务部门</td><td>公司经理</td></tr>
</table>

图 4 公司业务招待费报销流程优化

4 总结

费用管理是公司业务开展时的重要内容，公司通过费用管理能够有效地控制费用，减少支出，从而加快公司发展速度。公司费用管理工作中存在一些问题，具体包括三个方面，分别为办公用品管理不到位、费用报销标准不明确、审批报销流程不合理。本设计针对公司当前的这三个问题，提出了相应的优化方案：合理使用办公物资、明确费用报销标准、健全费用审批报销流程。采用这些优化设计可以提升公司费用管理工作效率。

参考文献

[1] 刘彦君. 财务预算管理降低企业成本费用的探析 [J]. 中小企业管理与科技（下旬刊），2021（3）：59-60.

[2] 杨奕影. 精细化视角下的企业成本费用管理控制策略探究 [J]. 商展经济，2021（5）：110-112.

[3] 张宜. 供水企业成本费用管理探讨 [J]. 纳税，2021，15（7）：181-182.

[4] 周晖. 工业制造企业加强成本费用管理的有效策略分析 [J]. 商讯，2021（5）：129-130.

[5] 龚林生. 关于企业费用预算与控制管理的探讨 [J]. 纳税，2021，15（4）：169-17.

示例 2　东莞××纸制品有限公司
固定资产核算流程优化设计

湖南环境生物职业技术学院毕业设计任务书

选题名称	东莞××纸制品有限公司固定资产核算优化设计			
学生姓名	×××	学号	×××	专业班级　×××
指导教师	校内	×××	职称	×××
	校外	×××	职称	×××
起止时间	2021 年 11 月 1 日—2022 年 6 月 1 日			
目的	通过在实习单位顶岗实习，选择"东莞××纸制品有限公司固定资产核算优化设计"为毕业设计题目，运用所学知识，对东莞××纸制品有限公司进行调查，找出问题所在，针对该公司所存在的问题结合实际，设计合理的解决方案			
任务	1. 了解企业的基本情况； 2. 掌握固定资产核算方法； 3. 通过对企业的调研，探讨企业存在的问题及原因； 4. 企业固定资产核算优化措施设计			
实施步骤	1. 确定选题。根据实习单位的业务内容和自身工作实践确立毕业设计选题。 2. 调查分析。了解实习单位的基本情况，熟悉实习单位业务，调查企业应收账款管理现状，发现实习单位该项业务存在的问题。根据选题拟定提纲，线上、线下收集相关资料。 3. 设计阶段。整理资料，在校内和企业指导老师共同指导下，形成写作思路，开始进行毕业设计。 4. 定稿答辩。在指导教师的帮助下优化毕业设计并定稿，完成毕业设计答辩相关工作			
主要方法	调查法、文献设计法、经验总结法			
进度安排	1. 选题阶段（2021 年 11 月 1 日—2021 年 12 月 31 日）：确定选题，撰写毕业设计任务书。 2. 调研阶段（2022 年 1 月 1 日—2022 年 2 月 28 日）：完成企业现场调研和文献查阅、资料收集整理工作。 3. 写作阶段（2022 年 3 月 1 日—2022 年 5 月 20 日）：撰写毕业设计作品初稿、二稿及定稿。 4. 成果整理及答辩阶段（2022 年 5 月 21 日—2022 年 6 月 1 日）：整理毕业设计成果资料，完成毕业设计答辩			
成果表现形式	□产品设计　　□工艺设计　　☑方案设计			
参考文献	[1] 贾晓佳. 新政府会计制度实施对高校固定资产核算的影响 [J]. 行政事业资产与财务，2019（17）. [2] 吴边. 政府会计制度下高校固定资产折旧管理工作探析 [J]. 财会学习，2019（11）：12-13. . [3] 赵爽. 政府会计制度对事业单位会计核算的影响 [J]. 青海国土经略，2019，5，67-68. [4] 张娜. 新政府会计制度下高校固定资产管理与核算探析 [J]. 经济研究导刊，2021（18）. [5] 汤金虎. 新政府会计制度实施后的高校固定资产核算管理研究 [J]. 行政事业资产与财务，2020（24）.			

指导教师 意见	 指导教师（签名）： 年　月　日
教研室 审查意见	 教研室主任（签名）： 年　月　日
二级学院 意见	 负责人（签名）：　　　　（公章） 年　月　日

　　注：1. 该表作为下达毕业设计任务的依据，由学生填写，经所在教研室讨论，二级学院负责人签名后生效；
2. 此表一式二份，一份二级学院存档，一份教研室存档；3. 签名、盖章后的电子档上传。

第五章　大数据与会计专业毕业设计示例

湖南环境生物职业技术学院

毕业设计

东莞××纸制品有限公司固定资产核算优化设计

院　　系：＿＿＿商学院＿＿＿

学生姓名：＿＿＿＿＿＿＿＿＿

校内指导老师：＿＿＿＿＿＿＿

校外指导老师：＿＿＿＿＿＿＿

年级专业：＿＿＿＿＿＿＿＿＿

2022 年 5 月

目　录

第五章　大数据与会计专业毕业设计示例

东莞××纸制品有限公司固定资产核算优化设计

1　东莞××纸制品有限公司简介及固定资产核算现状

1.1　东莞××纸制品有限公司简介

东莞××纸制品有限公司，2009年8月26日成立，包括生产、生产和销售包装制品、纸制品、文具制品、玩具制品、包装装潢印刷品印刷等经营范围。从事包装制品、纸和纸制品、文具制品、塑胶制品、玩具、礼品、家用小电器、服饰、餐具、装饰品、钟表、袋类产品的批发和进出口业务。

1.2　东莞××纸制品有限公司固定资产核算现状

1.2.1　东莞××纸制品有限公司固定资产核算程序

固定资产核算是对固定资产的购进、折旧、清算等方面进行核算。

从表1中可以看出，2019年东莞××纸制品有限公司固定资产减少，较上一年固定资产价值降低了12.13%。这主要是由于公司缺乏完善的固定资产核算体系所致。如购买固定资产，没有事先做好计划，而是盲目购买，致使东莞××纸制品有限公司购买的固定资产闲置，企业将多余闲置固定资产出售给其他单位，最终导致企业固定资产价值降低，如图1所示。

表1　东莞××纸制品有限公司2018—2019年资产负债表　　　　单位：元

项目	2018年	2019年
货币资金	978 020.08	881 275.88
应收账款	937 844.34	980 160.30
存货	926 132.9	349 589.26
流动资产	2 841 997.32	2 211 025.44
固定资产	578 602.03	348 140.54
资产合计	3 420 599.35	2 559 165.98
应付账款	945 758.11	648 768.33
流动负债	945 758.11	648 768.33
未分配利润	2 474 814.24	1 910 397.65
所有者权益	2 474 814.24	1 910 397.65
负债和所有者权益合计	3 420 599.35	2 559 165.98

图 1　固定资产核算程序

目前，东莞××纸制品有限公司有关固定资产核算由财务人员负责，固定资产相关数据、报表由财务部门的财务会计人员进行收集、出具，但东莞××纸制品有限公司注重产量和销售量的增加，忽视了固定资产的日常核算，对固定资产的核算没有足够的重视。没有及时对固定资产进行折旧、清理、处置，导致固定资产核算数据不准确。

1.2.2　东莞××纸制品有限公司固定资产核算方法

关于固定资产的折旧，东莞××纸制品有限公司并未对折旧方法作出明确规定，资产管理部门对固定资产折旧仅采用直线法，见表2。

表 2　东莞××纸制品有限公司固定资产折旧直线法核算

名称	金额/元	折旧年限/年	净残值率/%	年折旧率/%	月折旧率/%	月折旧额/元
电脑	4 000	5	5	19	1.58	63.33
吊车	600 000	10	5	9.5	0.79	4 740
打印机	2 000	5	5	19	0.58	31.67
空调	10 000	5	5	19	1.58	158.33

2　东莞××纸制品有限公司固定资产核算存在的问题

2.1　固定资产购置核算流程不合理

对东莞××纸制品有限公司调查发现，该公司无固定资产购买标准。在购买固定资产之前没有对固定资产未来使用频率进行评估，只要现阶段需要就购买。有一些固定资产购买后就闲置在角落，也没有按照其价值进行出租或出售，造成东莞××纸制品有限公司固定资产浪费和经济损失。此外，固定资产购入的相关资料有时并不齐备。有的在购买固定资产时没有及时要求销售方开具发票，财务在没有发票的情况下无法及时入账，影响了固定资产折旧的计算；进货时缺少的供销合同、提货凭证等资料，事后也没有全部补齐，造成固定资产资料不完善，给固定资产核算造成了困难。

2.2　固定资产处置核算不规范

对东莞××纸制品有限公司固定资产处置管理情况调查发现，该公司处置固定资产时存在未及时清理的情况。其主要原因是，公司固定资产规模庞大，且分布在不同的子公司，公司固定资产核算准确难度较大，对各固定资产的分布情况难以跟踪。尤其是对于较小的固定资产，很难监测到它的使用状态。而且对于东莞××纸制品有限公司来说，在不同的子公司中也有不同的事业部，固定资产分布广泛且分散。

东莞××纸制品有限公司在经营过程中，固定资产报废都是直接报废，有固定资产清理账户，但从未对固定资产处置做过全面分析，未考虑过人为影响，是否属于人为因素造成的固定资产报废。东莞××纸制品有限公司固定资产分布如表3所示。

表3 东莞××纸制品有限公司固定资产分布

序号	明细	单位	数量	存放地点
1	电脑	台	38	各部门
2	桌椅	套	45	各部门
3	打印机	台	6	财务部、人事部、销售部
4	电话座机	台	15	各部门
5	保险柜	个	3	财务部
6	考勤机	台	1	公司一楼入口处
7	推土机	辆	3	仓库
8	平地机	辆	2	仓库
9	吊车	辆	1	仓库
10	空调	台	12	各部门
11	电磁炉	台	2	餐饮区
12	冰箱	台	1	餐饮区
13	扫地机器人	个	3	后勤部

2.3 固定资产核算管理责任落实不到位

在东莞××纸制品有限公司的固定资产核算中，涉及固定资产的采购、购入、入库核算、日常折旧、清理报废等环节，任何一个环节出现问题，都可能对固定资产的核算产生影响。在东莞××纸制品有限公司的经营管理中，固定资产管理人员的技能素质不高，使得固定资产资料的可信度不高。固定资产管理人员对固定资产管理工作的认识不足，固定资产数据来源由固定资产管理人员提供，但由于固定资产管理人员只是在提供数据时提供了一个大概的数据，使得原始的固定资产数据与实际有差距，账实不符。

同时，企业内部的审计工作对固定资产的审计存在不到位的情况，往往只是实施简单的核实，对资产报表和账务进行简单的处理，对资产审计工作没有充分发挥作用。

3 东莞××纸制品有限公司固定资产核算优化设计

3.1 实现固定资产核算信息化

东莞××纸制品有限公司应引入固定资产核算数字化，对集团旗下所有公司的固定资产进行统计管理，并提高固定资产的核算水平，对固定资产进行分类，采用数字化管理，将需要固定资产的管理人员在取得、变更、处置固定资产时及时录入数字化核算系统，使集团层面对固定资产的使用情况进行及时跟踪，提高固定资产管理水平。按照固定资产的进项表格录入基础数据即可，具体如表4所示。

表4 固定资产购入

编码	名称	规格型号	数量	单位	单价	总价合计
合计：						
申请原因：			申请人：			
部门负责人审核：	行政部门负责人审核：		财务负责人审核：		公司领导审批：	

此外，东莞××纸制品有限公司可以引进RFID固定资产数字核算软件。这款固定资产核算软件主要是为企业提供资产全生命周期的信息化。其主要模块如下：一是取得核算；二是折旧核算；三是固定资产减值核算；四是固定资产更新改造核算；五是固定资产清理核算；六是固定资产处置核算。

RFID固定资产数字化管理适用于东莞××纸制品有限公司等大型、固定资产分布较广的集团公司，可以提高固定资产核算水平。RFID适用的固定资产核算特征如图2所示。

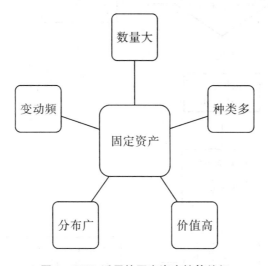

图2 RFID适用的固定资产核算特征

3.2 提高固定资产取得和处置核算水平

对于投资者投入、接受捐赠，没有提供相关价值资料的固定资产，实行入账控制。财务会计部门在进行各项资产明细账的核算登记时，要有相应的审核程序，核算固定资产价值，防止多计或少计资产价值。财务部门人员应事先调查市场中固定资产的市值情况，与采购部购买的固定资产进行价格比较，在市场价格偏差低于5%的情况下，才准许入账，并在RFID固定资产数字化管理系统中对固定资产进行入账处理。

对于固定资产核算科目设置和使用的问题，建议从固定资产明细科目着手。在固定资产明细科目的设置上，可在遵循会计的基础上，公司适当调整与自身业务特点相结合的科目。例如，对固定资产折旧、清理，单独设置明细科目，以便固定资产清晰入账。

对东莞××纸制品有限公司要做好固定资产核定工作，核定期间内至少每季度核定一次，减少因时间差造成的误差和损失。核验人员必须包括管理人员、财务、车间管理员，每次核验参加人员至少3人，防止为图方便而对造假数据进行不严格的核查。在进行固定资产清查时，要了解固定资产的使用人员和部门，结合固定资产的使用情况检查固定资产应剩余的价值与其目前所具有的价值进行比较。当出现因人员操作不当造成固定资产损失时，应查明原因，损失应由过失人员赔偿。

优化固定资产核算流程，提高处置核算水平。在检查办公设备前，先收集各部门需要处置的办公设备，并安排专业人员检查需要处理的办公设备是否不能再为公司提供经济效益，在确定即将处理的办公设备不能为公司提供经济利益时，需进行彻底清理。对于已过使用年限但仍能继续使用的固定资产，要做好使用计划，充分挖掘各种办公设备的使用价值，提高公司固定资产的使用效益。固定资产优化核算流程如图3所示。

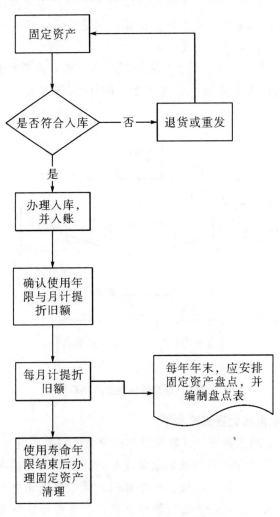

图3　固定资产优化核算流程

3.3 强化固定资产核算和责任落实机制

东莞××纸制品有限公司为实现固定资产的有效核算，需要构建固有的资产核算和责任落实机制，积极参与固定资产核算工作，与各部门签订责任书，在核算中实现各环节责任的落实。首先，财务部门要严格按照规定抓好责任落实，要定期对固定资产明细账、明细卡落实核对，定期或不定期对固定资产落实情况进行清查、盘点，做到账、卡、物三相符；其次，财务部门要在固定资产采购、入库验收、入账登记、出库领用、维修保养和处置各个环节进行固定资产核算，在核算的同时，定期对固定资产进行盘点清查，确保账实相符。

4. 总结

一个发展良好的企业，对于固定资产的核算是十分必要的，不仅要健全固定资产核算体系，而且要建立固定资产核算的相关制度，保证固定资产数据的可靠性和完整性。固定资产分很多种，而且固定资产占资产的比重也比较大，对企业来说是很重要的资产。综上所述，本设计针对固定资产购置核算流程不合理、固定资产处置核算不规范、固定资产核算管理责任落实不到位等问题，提出了实现固定资产核算信息化、提高固定资产取得和处置核算管理水平、强化固定资产核算和责任落实机制优化措施，通过对固定资产核算的优化设计，可以使公司固定资产核算更规范、公司固定资产效能最大化。

参考文献

[1] 贾晓佳. 新政府会计实施对高校固定资产核算的影响 [J]. 行政事业资产与财务，2019（17）.

[2] 吴边. 政府会计下高校固定资产折旧管理工作探析 [J]. 财会学习，2019（11）：12-13.

[3] 赵爽. 政府会计对事业单位会计核算的影响 [J]. 青海国土经略，2019, 5, 67-68.

[4] 张娜. 新政府会计下高校固定资产管理与核算探析 [J]. 经济研究导刊，2021（18）.

[5] 汤金虎. 新政府会计实施后的高校固定资产核算管理研究 [J]. 行政事业资产与财务，2020（24）.

[6] 朱明琪. 基于精益管理的高校固定资产折旧核算 [J]. 中国注册会计师，2018（10）：117-119.

[7] 王海玲. 浅析固定资产的风险管理 [J]. 中小公司管理与科技（下旬刊），2020（11）：25-26.

示例3 东莞××服饰有限公司
应收账款管理方案优化设计

湖南环境生物职业技术学院毕业设计任务书

选题名称	东莞××服饰有限公司应收账款管理方案优化设计			
学生姓名	×××	学号	×××	专业班级 ×××
指导教师	校内	×××	职称	×××
	校外	×××	职称	×××
起止时间	2021年11月1日—2022年6月1日			
目的	以顶岗实习单位东莞××服饰有限公司为平台，运用初级会计实务、财务管理实务、管理会计实务、财务报表分析等课程的理论知识，通过对东莞××服饰有限公司应收账款管理现状进行计算分析，掌握企业财务情况、账款账龄、客户的变动趋势，以提高自身发现问题、分析问题与解决问题的专业综合能力			
任务	1. 了解企业的基本情况； 2. 掌握应收账款管理方法； 3. 通过了解企业财务情况、账款账龄、客户的变动趋势，探讨企业存在的问题及原因； 4. 企业应收账款管理优化措施设计			
实施步骤	1. 确定选题。根据实习单位的业务内容和自身工作实践确立毕业设计选题。 2. 调查分析。了解实习单位的基本情况，熟悉实习单位业务，调查企业应收账款管理现状，发现实习单位该项业务存在的问题。根据选题拟定提纲，线上、线下收集相关资料。 3. 设计阶段。整理资料，在校内和企业指导老师的共同指导下，形成写作思路，开始进行毕业设计。 4. 定稿答辩。在指导教师的帮助下优化毕业设计并定稿，完成与毕业设计答辩相关的工作			
主要方法	实地调查法、文献分析法、案例研究法等			
进度安排	1. 选题阶段（2021年11月1日—2021年12月31日）：确定选题，撰写毕业设计任务书。 2. 调研阶段（2022年1月1日—2022年2月28日）：完成企业现场调研和文献查阅、资料收集整理工作。 3. 写作阶段（2022年3月1日—2022年5月20日）：撰写毕业设计作品初稿、二稿及定稿。 4. 成果整理及答辩阶段（2022年5月21日—2022年6月1日）：整理毕业设计成果资料，完成毕业设计答辩			
成果表现形式	□产品设计　□工艺设计　☑方案设计			
参考文献	[1] 王阳阳. 关于公司应收账款管理方案的探讨 [J]. 商讯，2019 (19). [2] 李正芹. 企业应收账款管理制度设计的原则与方案 [J]. 企业改革与管理，2020 (3). [3] 赵娇. 加强企业应收账款管理的对策措施 [J]. 投资与创业，2020 (18). [4] 田素华. 新形势下企业应收账款管理的重要性及其优化措施 [J]. 中国市场，2020 (36). [5] 张焱. 制造业企业加强应收账款管理的有效措施探讨 [J]. 企业改革与管理，2021 (9).			

指导教师 意见	
	指导教师（签名）： 年　月　日
教研室 审查意见	教研室主任（签名）： 年　月　日
二级学院 意见	负责人（签名）：　　　　　　　（公章） 年　月　日

注：1. 该表作为下达毕业设计任务的依据，由学生填写，经所在教研室讨论，二级学院负责人签名后生效；
2. 此表一式二份，一份二级学院存档，一份教研室存档；3. 签名、盖章后的电子档上传。

湖南环境生物职业技术学院

毕业设计

东莞××服饰有限公司

应收账款管理方案优化设计

院　　系：＿＿＿商学院＿＿＿

学生姓名：＿＿＿＿＿＿＿＿＿

校内指导老师：＿＿＿＿＿＿＿

校外指导老师：＿＿＿＿＿＿＿

年级专业：＿＿＿＿＿＿＿＿＿

2022 年 6 月

目　录

东莞××服饰有限公司应收账款管理方案优化设计

1 东莞××服饰有限公司简介

东莞××服饰有限公司（以下简称为"××服饰"），于 2009 年 9 月 17 日在东莞市工商行政管理局登记成立，注册资金为 1 000 万元，税务类型为一般纳税人，法定代表人是周进国。目前，该公司总部坐落在亚洲时尚前沿地——我国香港特别行政区。

××服饰占地面积超过两万平方米，产品设备拥有国内先进的缝纫一体机、锁边机、自动络筒机等进口产品。主要经营范围包括服饰、服装、鞋、服装辅料、皮革制品、纺织品、箱包等产品的研发设计与产销。××服饰是一家集研发、销售、生产等于一体的综合性企业。××服饰组织结构如图 1 所示。

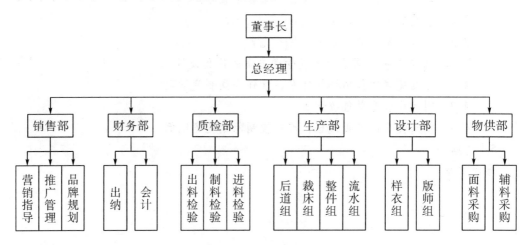

图 1 ××服饰组织结构

2 东莞××服饰有限公司应收账款管理现状及分析

2.1 应收账款变动趋势分析

从表 1 中可以发现，2019—2021 年东莞××服饰有限公司期末应收账款总额在不断上升，从最开始的 165.36 万元增长至如今的 285.69 万元，而主营业务收入却在不断地波动，特别是 2019—2020 年由于新型冠状病毒感染疫情的原因，主营业务收入下降至1 000 万元以下，到 2021 年才逐渐回暖。三年间该公司应收账款占期末流动资产比率也在不断提高，比率分别为 40.78%、46.59%、49.57%，并且随着应收账款占流动资产的比率过大，导致期末公司可利用的流动资产偏低，同时，公司的应收账款周转率逐年递减，周转天数不断延长，公司的应收账款回收缓慢，严重地影响了企业的流动资金使用率，给公司的生产经营造成了一定的压力。由此可见，东莞××服饰有限公司在企业应收账款管理中存在很大的问题。

表 1　东莞××服饰有限公司应收账款变动趋势分析　　单位：万元

项目	2019 年	2020 年	2021 年
主营业务收入	1 348.47	987.48	1 210.45
期初应收账款余额	185.49	165.36	218.64
期末应收账款余额	165.36	218.64	285.69
期末流动资产	405.49	469.25	576.36
应收账款占流动资产比率/%	40.78	46.59	49.57
应收账款周转率	7.69	5.14	4.80
应收账款周转天数（收现期）/天	46.81	70.04	75.00

2.2　应收账款账龄分析

东莞××服饰有限公司将 2021 年 12 月 31 日的应收账款账龄分为五个期限，具体分析如表 2 所示。该公司应收账款总额为 285.69 万元，其中账龄超过期限为 1 年以内的金额达到 58.56 万元，占总金额的 20.50%，账龄超过期限为 3 年的金额达到 40.38 万元，占总金额的 14.13%，这部分金额因业务发生时间与收款时间相隔甚久，收回的概率不大，基本断定为坏账，东莞××服饰有限公司在应收账款管理方案中的问题进一步扩大。

表 2　2021 年 12 月 31 日东莞××服饰有限公司应收账款账龄分析

应收账款账龄	应收账款金额/万元	占比/%	坏账准备/万元
未到期限	162.36	56.83	18.62
超过期限 1~6 个月	21.25	7.44	5.91
超过期限 6~12 个月	37.31	13.06	8.54
超过期限 1~2 年	24.39	8.54	12.86
超过期限 3 年	40.38	14.13	30.81
合计	285.69	100	76.74

2.3　应收账款客户分析

受新型冠状病毒感染疫情的影响，实体经济受到了极大的影响，特别是在 2020 年的春季，××服饰收到了很多客户发来的订单延期或者是取消订单通知，找不到客源，拿不到订单，××服饰大量的存货积压。公司后期只能采取赊销等活动来吸引客户。××服饰目前有三个自主品牌，以及旗下众多的旗舰店，合作的客户一般都是大中型企业，当然除了这些外，还有一些小型企业，如一些小型服装加工厂、个体工商户。××服饰同时也在为其他各大国际知名品牌提供设计研发服务等。由于客户的不可控性，××服饰没有及时分析他们的财务情况，导致产生了大量的呆账，再一次说明××服饰的生产经营产生了问题。

3　东莞××服饰应收账款管理方案存在的问题
3.1　对客户信用评估等级及合同条款审查不足

客户的信用评估对于××服饰合作来讲是至关重要的，是××服饰销售接单的前提。

××服饰为了打破销售瓶颈，扩大生产经营规模，给购买方很多优惠，但对于购买方的财务情况、商业信用、经营规模等没有进行全方位的分析调查，就盲目猜测合作方的情况，进行销售合同的签订，对货物赊销，开出增值税专用发票，但资金无法及时回笼，还有可能造成恶意逃债，使公司损失惨重。

其中一部分原因是销售人员的失误导致对意向公司调查不明，为了拿到销售业绩，盲目答应对方公司的部分要求，向合作方提供赊销产品。还有一部分原因是销售合同的制定不规范。主要有两个原因：一是由于××服饰管理层对于公司的经营情况不够了解，致使管理不到位，出台的合同也无法满足公司现有的经营模式；二是××服饰对于合同上触及法律的程序制定不够全面。

3.2 催收制度职责落实不到位

××服饰对于回收应收账款催收责任分配不明确，如有财务部、销售部、物供部的参与，以及老客户转介绍的新客户的参与。从一笔应收款项的产生到结算，销售部负责洽谈接单、财务部负责核算资料、物供部负责材料计算，而对于应收账款的催收，既有财务部提供数据，又有销售部的协商，这就有催收账款到底由哪个部门去负责的问题。同时，××服饰每笔应收账款无法准确落实到每个客户，每笔账款也没有相对应的负责人，合作方和负责人无法一一对应，并且随着新老员工的交替，交接事宜也没有如期进行，使很多款项成为遗失款项。东莞××服饰有限公司催收组织框架如图2所示。

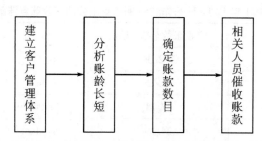

图2 东莞××服饰有限公司催收组织框架

3.3 赊销现象严重，审批流程不完善

东莞××服饰有限公司赊销审批流程如图3所示。

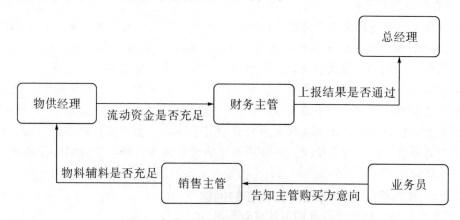

图3 东莞××服饰有限公司赊销审批流程

首先，审批速度慢。从中可以发现，赊购货物的审批部门众多，都是采用由下再依次向上报的流程，这样做在每个部分停留的时间过长，对于一般客户还好，但对于那些信用良好、资金暂时周转不来、急需货物的客户面对这样的审批，公司往往会流失客户。

其次，内部衔接差。各部门之间没有相互连通，缺乏相互监督，每个部门经理的权限只限于对本部门的一切事宜，缺少对上下部门的了解分析，致使业务员接到订单上报给主管，主管再就各种方面向上报告，过程冗长烦琐。

最后，履约管控不明确。客户如果没有按期将货款上交给公司，会导致公司财务受损，违约现象频频发生，赊销违约次数并没有计入后期合作中，从而影响公司流动资金的运作。

4 东莞××服饰有限公司应收账款管理方案的优化设计

4.1 建立完善的信用评级体系，加强合同制度管理

建立完善的信用评级体系（见表3），对客户进行全面分析，将客户分A、B、C、D等级，对评分为A级、B级的客户设为优先合作公司，对评分为C级的客户设为待合作公司，对评分为D级的客户设为无意向公司。这样能够清晰地了解到各个公司总的情况，确定意向公司，从而可以避免应收账款的产生。

表3 东莞××服饰有限公司信用评级体系

评价指标	表现			分值
公司从业年限 （25分）	从业时间5年以上			□25分
	从业时间3~5年以内			□18分
	从业时间1~3年以内			□10分
个人品质素养 （25分）	对公司员工态度友好，无拖欠工资现象			□25分
	对公司员工态度一般，有时有拖欠工资现象			□18分
	对公司员工态度恶劣，经常有拖欠工资现象			□5分
公司应收账款 （25分）	流动资金大于应收账款			□25分
	流动资金与应收账款持平			□18分
	流动资金小于应收账款			□5分
公司商业信用 （25分）	公司基本账户在中国人民银行信用良好			□25分
	公司基本账户在中国人民银行信用一般			□18分
	公司基本账户在中国人民银行信用较差			□5分
合计 （100分）	A级	B级	C级	D级	
	91~100分	81~90分	61~80分	0~60分	

4.2 明确应收账款催收职责

应收账款的催收由销售部和财务部共同负责。首先由财务部审核公司每笔应收账款所对应的公司，销售部针对财务部提供的数据找到相对应的负责人员，如遇到人员离职，销售部需及时做好交接，使公司每笔应收账款与客户都能——对应。其次，建

立奖惩制度，每月设立催收目标，对催收人员进行奖励和惩罚：对收款较多的人员进行如表4所示的奖励，对收款少或者是未收到款的人员进行惩罚——移出催收小组，从而提高相关人员的积极性。最后，两个部门每月进行总结分析，讨论在应收账款催收中遇到的问题及解决方案，并提出建议，避免在接下来的工作中犯同样的错误。

表4　东莞××服饰有限公司应收账款奖励制度

收款金额	账龄	奖励比例/%
收款1万~50万元	1~12个月	0.5
	1~2年	0.8
	3年以上	1.2
收款50万元以上	1~12个月	0.8
	1~2年	1.2
	3年以上	1.6

4.3 制定健全的审批流程，严格控制赊销业务比例

一方面，要加强销售部人员对于公司评级体系的熟悉度，优化审批流程。东莞××服饰有限公司销售部的业务员是直接和客户接触交谈，业务员需要熟悉购买方公司的情况，再进行后续是否合作的意向。这样能大大地避免一些无意向公司的无效审批，从而大大提高整体审批的效率，降低赊销比例。

另一方面，各部门之间应互相协作与监督。东莞××服饰有限公司是由各部门向上申报由总经理审批做出的重要性决策，各部门负责人要积极配合做好协调，明确每个项目的相关负责人，并对项目进行跟踪、指导与监督，涉及两个及以上部门的项目，由总经理分配任务，各部门之间要相互督促完成工作，积极主动，发挥团队精神。如图4所示。

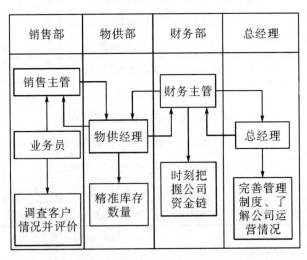

图4　东莞××服饰有限公司改进的赊销流程

5 总结

应收账款在企业生产经营管理中占有很大的份额，直接影响着企业的销售收入。本篇设计介绍了东莞××服饰有限公司应收账款管理现状，并通过分析企业财务情况、账款账龄、客户的变动趋势，发现东莞××服饰有限公司在企业应收账款管理方案中存在的问题，并有针对性地提出了建议，建立起一套完善的应收账款管理体系，最终希望帮助企业提高经济效益。

参考文献

[1] 王阳阳. 关于公司应收账款管理方案的探讨 [J]. 商讯，2019 (19).

[2] 李正芹. 企业应收账款管理制度设计的原则与方案 [J]. 企业改革与管理，2020 (3).

[3] 赵娇. 加强企业应收账款管理的对策措施 [J]. 投资与创业，2020 (18).

[4] 田素华. 新形势下企业应收账款管理的重要性及其优化措施 [J]. 中国市场，2020 (36).

[5] 张焱. 制造业企业加强应收账款管理的有效措施探讨 [J]. 企业改革与管理，2021 (9).

示例4　衡阳××教育咨询中心差旅费报销业务一体化流程优化设计

湖南环境生物职业技术学院毕业设计任务书

选题名称	衡阳××教育咨询中心差旅费报销业务一体化流程优化设计				
学生姓名	×××	学号	×××	专业班级	×××
指导教师	校内	×××	职称	×××	
	校外	×××	职称	×××	
起止时间	2023年11月1日—2024年6月1日				
目的	结合实习单位和实习岗位，运用财务会计、财务管理、内部控制等专业知识，对公司情况进行调查，找出问题，提出衡阳××教育咨询中心差旅费报销业务一体化流程优化设计，以提高自身发现问题、分析问题与解决问题的专业综合能力				
任务	1. 了解衡阳××教育咨询中心的基本情况； 2. 掌握文献、资料查询的基本方法； 3. 通过了解衡阳××教育咨询中心差旅费报销业务一体化流程的现状，探究公司存在的问题及原因； 4. 确定并撰写衡阳××教育咨询中心差旅费报销业务一体化流程优化设计				
实施步骤	1. 确定选题。根据实习单位的业务内容和自身工作实践确立毕业设计选题。 2. 调查分析。了解实习单位的基本情况，熟悉实习单位业务，调查企业应收账款管理现状，发现实习单位该项业务存在的问题。根据选题拟定提纲，线上、线下收集相关资料。 3. 设计阶段。整理资料，在校内和企业指导老师的共同指导下，形成写作思路，开始进行毕业设计。 4. 定稿答辩。在指导教师的帮助下，优化毕业设计并定稿，完成与毕业设计答辩相关的工作				
主要方法	调查法、文献设计法、经验总结法等				
进度安排	1. 选题阶段（2023年11月1日—2023年12月31日）：确定选题，撰写毕业设计任务书。 2. 调研阶段（2024年1月1日—2024年2月28日）：完成企业现场调研和文献查阅、资料收集整理工作。 3. 写作阶段（2024年3月1日—2024年5月20日）：撰写毕业设计作品初稿、二稿及定稿。 4. 成果整理及答辩阶段（2024年5月21日—2024年6月1日）：整理毕业设计成果资料，完成毕业设计答辩				
成果表现形式	□产品设计　　□工艺设计　　☑方案设计				

参考文献	曹莉，王霞. 优质高校建设下差旅费报销繁思考［J］. 行政事业资产与财务，2022（9）：102-104. 唐萍萍. 地质科研事业单位差旅费报销存在的问题及对策分析［J］. 中国农业会计，2023，33（17）：12-14. 王萍. 我国企业差旅费用管理存在的问题与对策分析［J］. 中国外资，2011（12）：91，93. 宋晓菁. 大数据平台下的企业差旅管理系统的设计与实现［D］. 武汉：湖北工业大学，2019. 杨少芳. 差旅费报销中存在问题及审计应对［J］. 现代审计与经济，2018（6）：31.
指导教师 意见	指导教师（签名）： 年　月　日
教研室 审查意见	教研室主任（签名）： 年　月　日
二级学院 意见	负责人（签名）：　　　　（公章） 年　月　日

注：1. 该表作为下达毕业设计任务的依据，由学生填写，经所在教研室讨论，二级学院负责人签名后生效；2. 此表一式二份，一份二级学院存档，一份教研室存档；3. 签名、盖章后的电子档上传。

第五章　大数据与会计专业毕业设计示例

湖南环境生物职业技术学院

毕业设计

衡阳××教育咨询中心差旅费报销业务一体化流程优化设计

院　　系：　　　商学院　　　

学生姓名：　　　　　　　　　

校内指导老师：　　　　　　　

校外指导老师：　　　　　　　

年级专业：　　　　　　　　　

2024 年 5 月

目　录

第五章　大数据与会计专业毕业设计示例

衡阳××教育咨询中心差旅费报销业务一体化流程优化设计

1　衡阳××教育咨询中心简介及差旅费报销业务一体化流程现状

1.1　衡阳××教育咨询中心简介

衡阳××教育咨询中心注册地位于湖南省衡阳市雁峰区××街道××路××号御笔华章××栋××室，法定代表人为崔某。经营范围包括：健康咨询服务（不含诊疗服务）；教育教学检测和评价活动；教育咨询服务（不含涉许可审批的教育培训活动）；文艺创作；个人互联网直播服务；招生辅助服务；自费出国留学中介服务；市场营销策划；组织文化艺术交流活动；业务培训（不含教育培训、职业技能培训等需取得许可的培训）；信息咨询服务（不含许可类信息咨询服务）；咨询策划服务（除依法须经批准的项目外，凭营业执照依法自主开展经营活动）。

1.2　衡阳××教育咨询中心差旅费报销业务一体化流程现状

2023 年 10~12 月衡阳××教育咨询中心费用报销汇总如表 1 所示。

表 1　2023 年 10~12 月衡阳××教育咨询中心费用报销汇总　　　单位：元

费用报销时间	差旅费	加油费	过路费	招待费	租赁费	其他	小计
10 月	23 871.54	11 300.00	7 382.87	13 847.00	3 500.00	9 253.60	69 155.01
11 月	25 876.21	8 700.00	4 262.65	17 334.70	3 500.00	10 736.30	70 409.86
12 月	28 927.36	9 500.00	3 854.45	21 643.76	3 500.00	13 567.12	80 992.69

根据现阶段衡阳××教育咨询中心差旅费报销流程（见图 1）和对比 2023 年 10~12 月的费用，差旅费报销主要包括出差申请、审批流程、出差执行、报销申请、财务审核、报销支付等环节。其中发现存在审批流程复杂、报销烦琐、报销困难等。12 月相较于前两个月费用增加的原因是部分报账人员因工作繁忙和不熟悉等原因将差旅费集中在年底集中报销，对于这些不便等原因我们应该在服务过程中根据报账人员的不熟悉及其他原因进行不断地优化设计。

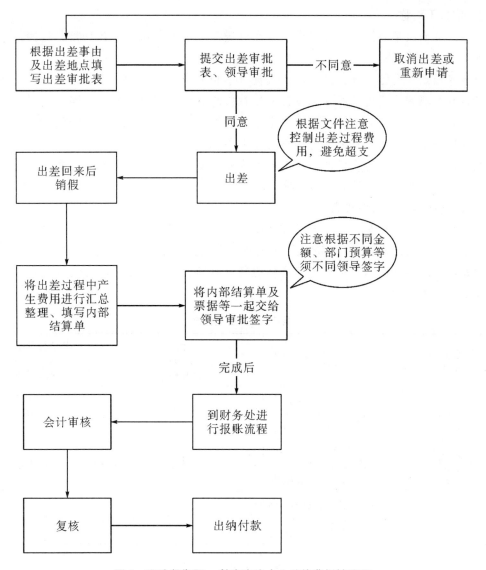

图1　现阶段衡阳××教育咨询中心差旅费报销流程

2　衡阳××教育咨询中心差旅费业务一体化流程存在的问题

2.1　差旅费报销流程较为复杂，审批环节较多

在现行的差旅费报销管理制度下，为确保资金使用的合规性和透明性，出差之前要先根据出差事由填写出差审批表找领导进行审批，出差后还须开具内部结算单找相应经费部门领导进行签字审批，单据审批都要求逐级多人审批。这样的流程设计旨在确保每一笔差旅费的支出都经过严格的审批。然而，在实际操作中，这一流程也暴露出一些问题。首先是要求多人逐级审批，任何一级领导的延误都可能影响整个报销流程的进度，特别是当领导因出差、工作繁忙等无法及时审批时，报账人员往往面临找不到领导签字审核的困境，影响了报销的及时性，导致报销人员将多次差旅费累计一次性报销，增加了财务管理的复杂性。此外，年底集中报销的现象尤其突出，大量单据在短时间报销，给财务工作人员带来了巨大的工作压力，也增加了错误和遗漏的风险。

2.2 信息不对称

在差旅费报销的持续性流程中，常常会遇到一系列复杂多变的问题，这些问题往往需要通过多样化的策略来应对。然而，其中也有一些难以解决的问题，这些问题直接导致了报账的受阻。首先部分出差人员对于相关文件规定的更新关注不足，对于报销的流程和所需票据的了解存在盲区。这种信息获取的不及时和不完整，使得报销过程中常常陷入困境，影响报销的顺利进行。其次许多出差人员由于出差时间间隔较长，未能及时获取和了解差旅费报销的最新政策和规定。然后他们继续依据过去的文件规定报销，但随着时间的推移这些规定也可能慢慢变化。这种情况不仅可能导致报销受阻，还可能引发一系列不必要的纠纷。

2.3 沟通成本和退回率较高

审核差旅费报销是一项细致且重要的工作。每一笔差旅费报销审核都比较复杂，都需要按照相应的文件规定来审核出差人员出差期间伙食补助和市内交通补助的天数，以及车票、机票等城市间交通费用票据的往返时间、起始点是否符合文件规定。部分报销要求如表2和表3所示。

表2 公共交通标准

交通工具级别	火车（含高铁、动车、全列软席列车）	轮船（不包括旅游船）	飞机	其他公共交通工具（不包括出租小汽车）
董事长	火车软席（软座、软卧），高铁/动车商务座，全列软席列车一等软卧	一等舱	头等舱	凭据报销
经理/高层主管	火车软席（软座、软卧），高铁/动车一等座，全列软席列车一等软卧	二等舱	经济舱	凭据报销
其余人员	火车硬席（硬座、硬卧），高铁/动车二等座，全列软席列车二等软卧	三等舱	经济舱	凭据报销

表3 住宿标准
单位：元/人·天

序号	地区（城市）	住宿费标准			旺季地区	旺季浮动标准			
		董事长	经理/高层主管	其余人员		旺季期间	旺季上浮价		
							董事长	经理/高层主管	其余人员
1	北京	全市	1 100	650	500				

表3(续)

序号	地区（城市）	住宿费标准			旺季地区	旺季浮动标准			
		董事长	经理/高层主管	其余人员		旺季期间	旺季上浮价		
							董事长	经理/高层主管	其余人员
2	天津	滨海新区、东丽区、西青区、津南区、北辰区、武清区、宝坻区、静海区、蓟县	800	480	380					
		宁河区	600	350	320					
3	河北	石家庄市、张家口市、秦皇岛市、廊坊市、承德市、保定市	800	450	350	张家口市	7~9月	1 200	675	525
						秦皇岛市	7~8月	1 200	680	500
						承德市	7~9月	1 000	580	580
		其他地区	800	450	310					
4	山西	太原市、大同市、晋城市	800	480	350					
		临汾市	800	480	330					
		阳泉市、长治市、晋中市	800	480	310					
		其他地区	800	400	240					
5	内蒙古	呼和浩特市	800	460	350					
		其他地区	800	460	320	海拉尔市、满洲里市、阿尔山市	7~9月	1 200	690	480
						二连浩特市	7~9月	1 000	580	400
						额济纳旗	9~10月	1 200	690	480
6	辽宁	沈阳市	800	480	350					
		其他地区	800	480	330					

·103·

但是，在报销的过程中，对于机票、车票、住宿费等超出报销标准的部分和地点不符合的不允许报销。在业务真实性的要求下，报销人员往往需要提供越来越多的佐证材料，如公务卡支付记录、住宿费流水等，在出差过程中未使用公务卡结算的费用报销，需要写明原因并由领导签字同意后才可报销，一般在此情况下出差人员会心生怨气，认为是财务工作人员故意刁难他们。与此同时，在差旅费报销的实际工作中，大部分报销人员都不能一次性完成所有的报销工作，将问题最终集中到财务人员这里进行处理，导致退回率较高，使得财务人员和报销人员的沟通、协调成本越来越高，多次往返奔波既浪费了报销人员大量的时间和精力，也降低了财务工作人员的工作效率，导致差旅费报销的效率低。

3 衡阳××教育咨询中心差旅费报销业务一体化流程的优化设计

3.1 推行网上报账，优化报销流程

加强信息化建设，推行网上报账模式是为了更好地提高财务报销的效率。网上报账可以提升报账工作的便捷性，报账人员可以随时随地通过电脑或者手机登录报账系统中进行填写报销单据、领导审批等报销工作，不用因为领导签字审批等四处奔波，无须排队等待，简化了报账流程。网上报账可以在申请出差时根据出差的事由及地点给报账人员提供提示，如在王某去北京参加会议提交出差申请时，提示北京住宿标准以及会议过程中所注意的事项，如表4所示。

表4 出差提示

	住宿标准	伙食补助	市内交通补助	城市间交通费用
其余人员	500元/人·天	100元/人·天	80元/人·天	火车硬席（硬座、硬卧）高铁/动车二等座、全列软卧列车二等软卧、飞机经济舱
若由对方提供食宿，将不得报销会议期间的食宿				

避免因不熟悉标准造成的不必要超支影响差旅费报销。网上报账系统可以将报销的单据等上传到系统中，自动转化成数据，减少数据的二次录入，提高财务工作效率，也有助于财务数据的统计，便于查找账务。网上报账系统还可以实时跟踪流程状态，便于报账人知晓自己的报账信息，也便于财务工作的后续查询。网上差旅费报账作为一种现代化、高效率的报销方式，如图2所示。

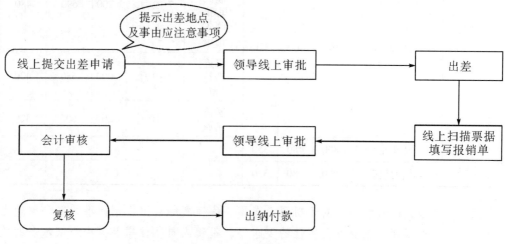

图2 出差审批报销流程

3.2 加强培训和咨询

为了有效提升报账人员和财务工作人员的专业能力，优化报销流程，降低因理解偏差或操作不当导致的退回。首先要加强对报账人员和财务工作人员的培训，针对不同岗位、不同经验水平的员工设计差异化培训课程，确保培训内容既符合基础要求又具有进阶深度。提高大家对报销政策和流程的理解，减少信息不对称。其次要搭建线上线下专门的咨询平台，为大家提供与报销相关的咨询服务，同时建立咨询反馈机制，鼓励员工对咨询服务提出意见和建议。根据反馈不断优化咨询平台和服务质量。

通过以上措施的实施，可以有效提升报账人员和财务工作人员的专业素养，优化报销流程，降低退回率，提高工作效率和员工满意度。

3.3 增强服务意识，降低沟通成本

财务人员作为报账工作的审核者和指导者，其服务态度和服务质量对报销人员的满意度和报账效率有着至关重要的影响。因此，财务人员应树立"服务为先"的理念，主动与出差人员建立沟通渠道，了解他们的需求和困惑。财务人员可以提供分阶段的指导，在报销前、中、后各阶段，帮助报销人员及时纠正错误和补充材料，避免问题集中到最后阶段，确保报销人员能够顺利完成报账工作。同时，在沟通过程中，财务人员应使用简洁明了的语言解释报账政策和标准，减少误会和冲突的发生，降低沟通成本。

4 总结

综上所述，推行网上差旅费报销不仅可以提高企业财务管理水平，也可以提升员工的工作体验，使得报销工作更加快捷、高效，减少了浪费和损失，为企业提供了有力保障。同时，通过增强服务意识和加强培训，可以有效提高大家对报销政策和流程的理解，减少错误，降低退回率。

参考文献

[1] 曹莉，王霞. 优质高校建设下差旅费"报销繁"思考 [J]. 行政事业资产与财务，2022（9）：102-104.

[2] 唐萍萍. 地质科研事业单位差旅费报销存在的问题及对策分析 [J]. 中国农业会计，2023，33（17）：12-14.

[3] 王萍. 我国企业差旅费用管理存在的问题与对策分析 [J]. 中国外资，2011（12）：91-93.

[4] 宋晓菁. 大数据平台下的企业差旅管理系统的设计与实现 [D]. 武汉：湖北工业大学，2019.

[5] 杨少芳. 差旅费报销中存在问题及审计应对 [J]. 现代审计与经济，2018（6）：31.

第六章

市场营销专业毕业设计示例

示例1　××样板房开放暨商业价值发布会活动方案

湖南环境生物职业技术学院毕业设计任务书

选题名称	××样板房开放暨商业价值发布会活动方案			
学生姓名	×××	学号	×××	专业班级	193市场营销2班
指导教师	校内	×××	职称	×××
	校外	×××	职务	×××
起止时间	2021年11月1日—2022年6月1日			
目的	通过在衡阳××房地产项目顶岗实习，结合校内所学专业知识，撰写××空中合院样板房开放暨商业价值发布会活动方案，提高项目的知名度和美誉度，完成毕业设计方案的撰写，提高专业综合实践能力			
任务	结合实习工作岗位，独立完成一份策划方案。 1. 确定毕业设计选题，根据毕业设计任务书要求和实习岗位工作情况确定毕业设计选题。 2. 收集毕业设计选题相关资料，并撰写提纲。 3. 确定毕业设计基本框架，并在校企毕业设计指导老师的指导下完善内容。 4. 修改并完成毕业设计			
实施步骤	1. 确定选题。根据实习单位的业务内容和自身工作实践确立毕业设计选题。 2. 调查分析。了解实习单位的基本情况，熟悉实习单位业务。围绕毕业设计选题拟定调查提纲，线上线下收集与选题相关的资料。 3. 设计阶段。分析整理资料，在校内和企业指导老师的共同指导下，形成写作思路，开始进行毕业设计。 4. 定稿答辩。在指导教师的帮助下优化毕业设计并定稿，完成与毕业设计答辩相关的工作			
主要方法	文献资料收集法、实地调查法			

进度安排	1. 选题阶段（2021 年 11 月 1 日—2021 年 12 月 31 日）：确定选题，撰写毕业设计任务书。 2. 调研阶段（2022 年 1 月 1 日—2022 年 2 月 28 日）：完成企业现场调研和文献查阅、资料收集整理工作。 3. 写作阶段（2022 年 3 月 1 日—2022 年 5 月 20 日）：撰写毕业设计作品初稿、并修改定稿 4. 成果整理及答辩阶段（2022 年 5 月 21 日—2022 年 6 月 1 日）：整理毕业设计成果资料，完成毕业设计答辩
成果表现形式	□产品设计　　□工艺设计　　☑方案设计
参考文献	［1］宋红玲. 大数据背景下房地产企业营销策略探究［J］. 现代营销（下旬刊），2020（8）：158-159. ［2］陈晓虎. 新形势下房地产营销策略转型思考［J］. 中国中小企业，2020（10）：201-202. ［3］张瑞华. 营销心理学在房地产营销中的应用［J］. 经济研究导刊，2020（27）：39-40. ［4］魏红萍. 基于项目全寿命周期的房地产企业成本管理［J］. 建筑经济，2020（7）：92-94. ［5］杨迪春. 房地产开发项目营销方案研究［J］. 住宅与房地产，2020（32）：81-83.
指导教师 意见	指导教师（签名）： 年　月　日
教研室 审查意见	教研室主任（签名）： 年　月　日

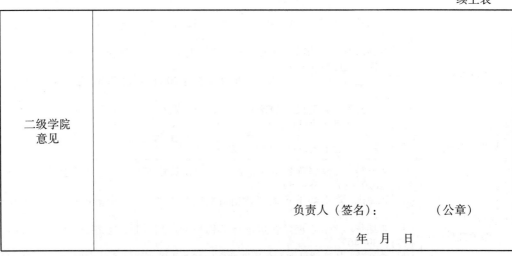

二级学院 意见	
	负责人（签名）：　　　　　　（公章） 　　　　　　年　月　日

注：1. 该表作为下达毕业设计任务的依据，由指导老师指导学生填写，经所在教研室讨论，二级学院负责人签名后生效；2. 此表一式二份，一份二级学院存档，一份教研室存档；3. 签名、盖章后的电子档上传。

高职毕业设计指导手册（财经商贸类）

湖南环境生物职业技术学院

毕业设计

××样板房开放暨商业价值发布会活动方案

院　　系：＿＿＿商学院＿＿＿

学生姓名：＿＿＿＿＿＿＿＿＿＿

校内指导老师：＿＿＿＿＿＿＿＿

校外指导老师：＿＿＿＿＿＿＿＿

年级专业：＿＿＿＿＿＿＿＿＿＿

2022 年 5 月

目 录

××样板房开放暨商业价值发布会活动方案

1 活动背景

××项目推出空中合院产品以来，市场关注度较高，虽前期已认筹46套，但因无实景样板房展示，客户现签认购仅为50%。为了加快客户签约，再次制造人气，让认筹客户签约，同时吸引意向客户及新客户关注购买，特推出该样板房。

××商铺独特的产品形式，未来将打造成衡阳极具特色的文化古街，借助空中合院样板房开放的高人气，植入商业古街项目价值发布环节，邀约认筹、意向客户及项目老客户参与，稳固认筹客户信心，促进新客户认筹。

2 市场分析

根据《衡阳市2021年国民经济和社会发展统计公报》，2021年年末，衡阳全市常住人口662.1万人（居全省第二）。其中，城镇人口为343.36万人，城镇化率为55.23%。全市0~15岁人口为148.58万人，占总人口的22.44%；16~59岁人口为379.84万人，占总人口的57.37%；60岁及以上人口为133.68万人，占总人口的20.19%。

2021年，衡阳市房地产开发投资355.68亿元，比2020年增长13.1%。其中，住宅投资304.10亿元，增长18.7%。商品房销售面积为685.08万平方米，增长2.0%。商品房销售额为345.84亿元，增长0.2%。

根据地区生产总值统一核算结果，全年地区生产总值为3840.31亿元（居全省第四），比2020年增长8.1%，两年平均增长6.0%，增速高于全省平均水平。按常住人口计算，人均地区生产总值为57 909元，增长8.8%。

从整体数据来看，全市经济运行稳中向好。特别是衡阳中心城区，综合承载力、区域吸引力、经济辐射力和示范引领力都在不断增强，吸纳人流、物流、资金流、信息流等生产要素向中心转移。

3 活动目标

提高项目的知名度和人气，促进楼盘销售。

4 活动主题

庆元旦，购房抽大奖。

5 活动对象

××项目空中合院、电梯房认购客户，空中合院意向客户，商铺认筹及意向客户。

6 活动时间与地点

时间：2022年1月1日上午9：00。

地点：蒸湘区××路营销中心前坪（搭棚）。

7 活动内容与流程

7.1 活动内容

7.1.1 参观样板房、空中合院产品推荐

由销售部带领客户、嘉宾参观样品房。

7.1.2　暨商业价值发布会

主持人宣布发布会开始，公司领导上台讲话。

7.1.3　节目表演

表演节目；抽奖活动。

7.2　活动流程

7：00—8：30，工作人员到场，做现场准备工作。

8：30—9：00，工作人员做迎宾准备。

9：00—10：00，客户、嘉宾签到入场；到访人员可进入样板房参观，工作人员做一些空中合院产品的推荐。

10：00—10：35，发布仪式开始。

10：35—10：40，歌曲串烧。

10：40—11：10，主持人组织开展小活动，进行有奖问答。

11：10—11：20，歌舞表演《我爱衡阳》《我爱我家》。

11：20—11：55，主持人开展转盘抽奖活动。

11：55—12：00，活动结束。

7.3　活动奖品设置

活动奖品见表1。

表1　活动奖品

序号	奖品名称	数量	情况说明	备注
1	美的电水壶/个	50	五等奖	新采购
2	美的养生壶/个	40	五等奖	新采购
3	飞利浦电动牙刷/个	30	四等奖	新采购
4	美的吸尘器/台	5	三等奖	新采购
5	九阳破壁机/台	3	二等奖	新采购
6	华为手机 P40Pro/台	1	一等奖	新采购
7	周大福黄金手镯/个	1	特等奖	仓库余货
备注：奖品合计130份				

备注：实际新增奖品费用为 26 500 元，奖券分 A、B 券（特等奖仅限于空中合院客户）。

8　活动准备

8.1　前期准备

（1）活动所需的物品准备。

①迎宾花柱及红毯、签到背景板、样板房区域造景、样板房静态展示模特、抽奖箱、工作人员（活动公司负责）奖品易拉宝、户型单张、项目宣传资料。

②观众席：嘉宾椅、卖点桁架。

舞台区：主持人/领导发言讲台、台花、颁奖礼仪、中奖的活动宣传板展示置于舞台一侧。

冷餐区、兑奖区、中奖公示板。

准备场地布置及游戏所需要的道具，如桌椅、饮料、花束等。

（2）活动节目准备，提前联系安排节目表演人员。

（3）活动的工作人员安排，包括接待人员、销售人员等，具体见表2。

表2　工作人员安排

分类	项目	完成时间	负责人	备注
营销板块	确定活动方案	2021年12月10日	张军、封总	
	相关物料设计及制作	2021年12月30日前	文婷	
	庆典活动执行案确认	2021年12月15日	文婷	
	销售说词确认及流程全员培训	2021年12月20日	潘妍汐	
	活动前期宣传	2021年12月20日	文婷、焕彩	
	活动布置	2022年1月1日	王慧、刘佳	
其他板块	媒体邀约	2022年1月1日	潘妍汐、文婷	邀约、发红包
	礼品采购	2022年1月1日采购到位	采购管理中心	

当天活动人员安排				
地点	岗位	人数	协调部门	岗位说明
停车区	保安	3	物业	车辆疏导及管理
签到区	保安	2		确保安全，引导嘉宾
	客服	6		引导签到、投递奖券、发放奖品
	保洁	4		流动保洁人员
活动及美陈区	工作人员	4	庆典公司	各活动流程人员安排
	活动安排	2		负责各节目环节及活动布置、人员安排
	主持人	1		
财务板块	收款签约	2	财务管理中心	开盘当天收款、开票、盖章，具体人员由潘研汐与财经管理中心对接

8.2　后期安排

发布会仪式活动结束后，工作人员分工收拾打扫现场卫生，回收器材等。

营销部跟进客户维系与客户关系等。

9　媒介宣传

9.1　线上宣传

网络：在公司论坛做宣传画册，推广，微博放宣传图片等，抖音宣传视频等。

微信：在朋友圈宣传、公众号上发布文章。

9.2　线下宣传

电话联系客户活动的时间、地点、内容等，激发客户参与的兴趣；发短信给客户活动的时间、地点、内容等；发放宣传单，宣传海报等。

10 费用预算

费用预算总表见表3。

表3 费用预算

序号	内容	费用/元	备注
1	奖品费用	41 500	另有库存奖品15 000元
2	活动费用	33 000	包括美陈布置、舞台布置、活动表演、迎宾等费用、各环节工作人员工资，还包括室外包装、签到背景板、桌椅等，详见活动公司报价方案
3	宣传费用	1 800	
合计		75 800	

备注：如遇雨天，则需新增约15 000元雨棚搭建费用。

奖品费用预算见表4。

表4 奖品费用预算

序号	奖品名称	数量	单价/元	总价/元	情况说明	备注
1	美的电水壶	50个	80	4 000	五等奖	新采购
2	美的养生壶	40个	100	4 000	五等奖	新采购
3	飞利浦电动牙刷	30个	200	6 000	四等奖	新采购
4	美的吸尘器	5台	700	3 500	三等奖	新采购
5	九阳破壁机	3台	1 000	3 000	二等奖	新采购
6	华为手机 P40Pro	1台	6 000	6 000	一等奖	新采购
7	周大福黄金手镯	1个	15 000	15 000	特等奖	仓库余货
合计：130份				41 500	（实际产生26 500元）	

活动费用预算见表5。

表5 活动费用预算

序号	物品名称	数量	单价/元	总价/元	备注
1	迎宾花柱	20个	80	1 600	新采购
2	红毯	40条	100	4 000	新采购
3	样品房模型	10个	500	5 000	5大、5小
4	活动道具	不详	1 500	1 500	新采购
5	桌子	20张	200	4 000	新采购
6	椅子	200张	30	6 000	新采购
7	饮料	10箱	30	300	新采购

表5(续)

序号	物品名称	数量	单价/元	总价/元	备注
8	花束	不详	50	600	新采购
9	表演人员	6 人		10 000	
合计				33 000	

宣传费用预算见表6。

表6 宣传费用预算

序号	物品名称	数量	单价/元	总价/元	备注
1	宣传海报	100 张	5	500	
2	宣传单	500 张	2	1 000	
3	易拉宝	10 个	20	300	
合计				1 800	

11 效果评估

通过本次活动，能在一定程度上提高××项目的知名度和美誉度，同时，为项目楼盘的销售积攒人气，提高项目楼盘住宅及商铺的销售量。

具体而言，主要通过媒体监测、对目标市场进行问卷调查的方式搜集数据，分析媒体报道量、社交媒体互动量等，评估活动前后品牌曝光度的变化；通过分析本次活动对项目楼盘销售的直接和间接影响，如销售额的增长、预订量的增加等，评估活动效果。

参考文献

[1] 宋红玲. 大数据背景下房地产企业营销策略探究 [J]. 现代营销（下旬刊），2020（8）：158-159.

[2] 陈晓虎. 新形势下房地产营销策略转型思考 [J]. 中国中小企业，2020（10）：201-202.

[3] 张瑞华. 营销心理学在房地产营销中的应用 [J]. 经济研究导刊，2020（27）：39-40.

[4] 魏红萍. 基于项目全寿命周期的房地产企业成本管理 [J]. 建筑经济，2020（7）：92-94.

[5] 杨迪春. 房地产开发项目营销方案研究 [J]. 住宅与房地产，2020（32）：81-83.

示例 2 ××梅溪湖新天地六一儿童节促销活动方案

湖南环境生物职业技术学院毕业设计任务书

选题名称	××梅溪湖新天地六一儿童节促销活动方案			
学生姓名	×××	学号	×××	专业班级	2021 级市场营销（网店运营方向）
指导教师	校内	×××	职称	×××
	校外	×××	职务	×××
起止时间	2023 年 11 月 1 日—2024 年 6 月 1 日			
目的	以实习公司为平台，在校内及校外老师的指导下，运用校内所学专业知识，结合××的实际销售情况，根据公司要达到的促销目的，确定促销活动实施方案，完成××梅溪湖新天地六一儿童节促销方案的撰写，提高专业综合能力			
任务	1. 熟练掌握促销方案的撰写技能。 2. 了解本次活动开展的背景及市场情况。 3. 分析并确定活动对象、要达到目标及策略等。 4. 确定并撰写××六一儿童节促销活动方案			
实施步骤	1. 确定选题。根据实习单位的业务内容和自身工作实践确立毕业设计选题。 2. 调查分析。了解实习单位的基本情况，熟悉实习单位业务。围绕毕业设计选题拟定调查提纲，线上线下收集与选题相关的资料。 3. 设计阶段。分析整理资料，在校内和企业指导老师的共同指导下，形成写作思路，开始进行毕业设计。 4. 定稿答辩。在指导教师的帮助下优化毕业设计并定稿，完成与毕业设计答辩相关的工作			
主要方法	实地调查法、文献资料收集法、案例研究法			
进度安排	1. 选题阶段（2023 年 11 月 1 日—2023 年 12 月 31 日）：确定选题，撰写毕业设计任务书。 2. 调研阶段（2024 年 1 月 1 日—2024 年 2 月 28 日）：完成企业现场调研和文献查阅、资料收集整理工作。 3. 写作阶段（2024 年 3 月 1 日—2024 年 5 月 20 日）：撰写毕业设计作品初稿、二稿及定稿。 4. 成果整理及答辩阶段（2024 年 5 月 21—2024 年 6 月 1 日）：整理毕业设计成果资料，完成毕业设计答辩			
成果表现形式	□产品设计 □工艺设计 ☑方案设计			
参考文献	[1] 轻讯. 力促轻工制造业领域老字号品牌的高质量发展上海老字号品牌焕新研讨会在沪举行 [J]. 上海轻工业，2024（2）：10-13. [2] 寿梦璇. Babycare 母婴产品营销策略改进研究 [D]. 蚌埠：安徽财经大学，2024. [3] 何欣洋. 儿童化妆品产业 30 余年品牌迭代，严管守护未来 [J]. 中国化妆品，2023（6）：56-58. [4] 陈晶. 2020 年客流 2 500 万人次，步步高梅溪新天地逆势上扬的底气在哪 [J]. 赢商网，2023：16-17.			

指导教师意见	
	指导教师（签名）： 年　月　日
教研室审查意见	教研室主任（签名）： 年　月　日
二级学院意见	负责人（签名）：　　　　　（公章） 年　月　日

注：1. 该表作为下达毕业设计任务的依据，由指导老师指导学生填写，经所在教研室讨论，二级学院负责人签名后生效；2. 此表一式二份，一份二级学院存档，一份教研室存档；3. 签名、盖章后的电子档上传。

第六章　市场营销专业毕业设计示例

湖南环境生物职业技术学院

毕业设计

××梅溪湖新天地六一儿童节促销活动方案

院　　系：＿＿＿＿商学院＿＿＿＿

学生姓名：＿＿＿＿＿＿＿＿＿

校内指导老师：＿＿＿＿＿＿＿

校外指导老师：＿＿＿＿＿＿＿

年级专业：＿＿＿＿＿＿＿＿＿

2024 年 5 月

目　录

××梅溪湖新天地六一儿童节促销活动方案

1. 品牌介绍

  ××品牌诞生于 1990 年，是上海家化联合股份有限公司旗下的品牌之一。迄今为止，××旗下已囊括花露水、沐浴露、香皂、洗手液、粉系列、宝宝系列、随身系列、洗发露系列在内的各类个人护理产品。

  ××丸源自上海家化联合股份有限公司，其诞生背后有着深厚的中医药文化底蕴。1989 年，家化研发团队认识到夏季皮肤问题的普遍性，特别是痱热燥痒，他们认为这是传统中医药可以大显身手的领域。基于这一理念，他们参考了传统中药××丸的配方，其中以珍珠粉和麝香为其主要成分。随后，家化科研人员巧妙地将这些中药精华与花露水结合，精心研发出独具特色的××品牌花露水，为消费者带来了全新的夏季护肤体验。

2 市场分析

2.1 宏观环境分析

2.1.1 人口环境分析

  梅溪湖××城位于长沙市湘江西岸，总规划面积约为 28 平方千米，商住比例为 34：66，规划人口 46 万。基础设施不断完善，城市主、次干道总长超过 90 千米，地铁 2 号线西延线一期、地铁 6 号线已运行。片区规划建设 28 所中小学，17 所已建成开学。活动选择在梅溪湖新天地举办，可吸引更多消费者参与。

2.1.2 科学技术环境分析

  科学技术的迅速发展，推动了对花露水的技术研究，从而不断地适应市场需求。××品牌打破了 30 多年的传统香型，清新淡雅，不仅迎合了当今香水潮流，而且老少适宜。配方筛选中解决了复杂的技术问题，产品质量稳定性好，深受消费者欢迎。

2.2 竞争对手分析

  竞争对手分析见表 1。

表 1　竞争对手分析

品牌	优势	劣势
隆力奇	(1) 产品荣获"全国顾客满意度十大品牌" (2) 具有祛痱效果。 (3) 创意广告强力使人印象深刻	(1) 添加避蚊胺，属于农药成分，部分消费者认为会伤害身体。 (2) 产品在大众心中的印象属于低端产品。 (3) 味道较重
百雀羚	(1) 品牌历史积淀时间长，知名度较高。 (2) 独特中草药配方，气味比其他品牌淡雅。 (3) 性价比高	(1) 品牌认知度不高。 (2) 包装过于简单。 (3) 驱蚊时效性不长
青蛙王子	(1) 严格把控采购关口，确保原材料品质优良，极少出现过敏反应。 (2) 包装童趣可爱，有利于吸引年轻消费者和宝妈。 (3) 适合宝宝使用	(1) 缺乏新意，过于单一，没有充分利用品牌优势。 (2) 味道较难闻。 (3) 驱蚊效果不强

2.3 SWOT 分析

SWOT 分析①见表 2。

表 2 SWOT 分析

优势	劣势
（1）它的功能齐全，用途广泛，具有较强的竞争力。 （2）产品的更新换代快，能及时满足消费者需求。 （3）××品牌认知度高，在消费者心中具有一定的影响力和忠诚度，有利于产品推广	（1）××品牌只有夏季才是销售旺季，其他季节基本可以说没有市场。 （2）驱蚊效果并不是特别突出，使其流失客户群。 （3）传统包装易碎
机会	威胁
（1）花露水作为家居必备品，市场需求旺盛，价格亲民，满足家庭健康舒适的需求。 （2）基于中国庞大的人口，中国日化市场的发展潜力巨大	（1）日化品行业竞争激烈，国外品牌进军花露水市场，竞争升级。 （2）花露水目标消费人群广，价格需求弹性大

3 活动主题

××有主，一家无忧。

4 活动目标

（1）抖音官方号粉丝增加 5 万人，活动官方视频点赞数达到 10 万；

（2）活动期间线上、线下销售额相较于上一周增加 8 万；

（3）六一儿童节活动期间线上销量为 9 万瓶，线下销量达到 8 000 瓶；

（4）六一儿童节活动期间淘宝店铺浏览量相比于六一儿童节前一周增加 40%；

（5）公众号宣传文章点赞和转发量达到 6 万。

5 活动时间与地点

（1）活动时间：2024 年 6 月 1 日—2024 年 6 月 3 日。

（2）活动地点：湖南省长沙市梅溪湖新天地购物中心××展柜。

6 活动对象选择

此次活动的主要目标群体是以下几类群体。

6.1 年轻家庭

（1）家长：特别是带有幼儿和学龄儿童的家长。这一群体重视家庭健康，愿意为孩子和家人的生活品质投入，××品牌的健康和驱蚊功效正契合他们的需求。

（2）儿童：活动期间会有许多吸引儿童的互动和礼品，增加家庭的参与意愿。

6.2 注重健康与自然生活方式的都市白领

这一群体具有较高的消费能力和健康意识，偏好使用天然成分和中草药配方的产品。××品牌以其中药成分和清新香气能够满足他们的需求。

6.3 老年人

老年人对传统中医药有较高的接受度，××品牌的中药成分和驱蚊功效也非常适合这一人群的夏季使用需求。

---

① SWOT 分析是一种用于评估企业或项目的内部优势（strengths）、劣势（weaknesses）、外部机会（opportunities）和威胁（threabs）的分析方法。

此次促销活动将涵盖××品牌的以下系列产品，以满足不同目标群体的需求：

（1）花露水系列。该系列的主要产品包括经典款和新款花露水，适合家庭成员的日常使用，特别是夏季驱蚊防痱。

（2）沐浴露系列。含有中药成分的沐浴露，适合追求健康和自然生活方式的消费者。

（3）宝宝系列。专为儿童设计的温和护理产品，吸引有小孩的家庭消费群体。

（4）随身系列。便携装花露水和防蚊喷雾，适合都市白领和经常出门旅行的消费者。

通过精准定位活动对象，能够更加有效地吸引目标消费者参与，提高活动的效果和产品销量。

7. 活动方式与内容

7.1 安然度一夏——冰爽六月天

（1）活动内容：为了庆祝六一儿童节，只要在活动期间（6月1日—6月3日）关注官方公众号点赞并转发文章即可凭身份证向柜台工作人员领取××品牌驱蚊花露水一瓶，在公众号上发表节日祝福或者和××的故事（50~100字），还有机会抽取××品牌全套系列花露水一套。

（2）抽奖条件：给公众号文章点赞并且把活动界面转发到朋友圈，把自己编辑的文章截图发给后台客服。（两者必须都满足，若只满足其一都不能领取）

（3）抽奖方式：截图给现场工作人员即可领取抽奖二维码。（系统随机选出中奖者）

7.2 夏日清凉——会员独享

（1）活动时间：2024年6月1日—2024年6月3日。

（2）活动地点：湖南省××梅溪湖新天地购物中心××展柜。

（3）活动内容：凡是在活动期间（6月1日—6月3日）在官方淘宝店铺购买店中任意产品后在官方账号搜索"夏日清凉，××666"即可成为本店的会员，成为会员后，购买产品当天既可享受会员优惠活动还可参与现金券抽奖活动，中奖金额直接存入会员账号。在活动当天可以给会员卡充值（以100元为一个充值单位），充值100元送20元，充值200元送40元，以此类推。

7.3 团购有好礼——清爽共分享

（1）活动内容：

①一次性购买××品牌驱蚊花露水（195ml）或混买3瓶以上者，按购买数量送60g痱子粉和精美手提袋。

②一次性购买××品牌驱蚊花露水（195ml）或混买5瓶以上者，按购买数量送60g痱子粉和××沐浴露（600ml）一瓶。

③一次性购买××品牌驱蚊花露水（195ml）或混买10瓶以上者，按购买数量送冰凉大礼包和电蚊拍一个。

④购买任意一瓶××品牌花露水即可赠送25ml旅行装一瓶。

（2）参与方式：

到店消费后凭借小票到兑奖区领取礼品，由现场导购登记后才算领取成功。

（3）注意事项：

①每位顾客在活动期间只可参加活动一次；

②本活动最终解释权归××品牌所有；

③单张购物小票领取奖品时，须工作人员加盖"奖品已领"字样章后方可领取；

④该活动只限活动期间消费的顾客，以小票打印日期为准。

8 活动实施安排

8.1 前期准备

（1）人员安排。

人员安排见表3。

表3　人员安排

活动名称	岗位名称	职责	负责人
安然度一夏——冰爽六月天	现场导购	收集转发公众号的顾客信息，发放奖品并登记	陈文婷、李雅倩、郭芳天
	后台客服	核对截图并发布抽奖信息	张雯欣、贺莉
	宣传人员	负责活动的宣传和文案策划	柯乔希、胡睿纯
夏日清凉——会员独享	会员注册客服	注册会员并登记	陈淑好、李姿伶、罗欣怡
	技术人员	制作淘宝界面活动链接	林旭东、周哲宇
团购有好礼——清爽共分享	促销员	进行产品推广，吸引消费者关注购买	方兆玉、李思怡、罗振轩

（2）物料准备。

物料准备见表4。

表4　物料准备

活动名称	物料名称	数量	规格型号要求
安然度一夏——冰爽六月天	展柜	1个	10米×12米
	横幅	4个	10米
	气球	10打	中号
	中性笔	20支	黑色0.5
	音响	2个	6.5寸重低音喇叭
	话筒	4个	无线
	宣传单	1 000份	A5
	展架	6个	A4
	矿泉水	4箱	农夫山泉350毫升
	桌子	4张	100厘米×40厘米×75厘米
	装饰物品	2袋	摆件
	二维码展示板	2个	15厘米×10厘米
	文件夹	3个	A4
	信息表	15份	A4

表4(续)

活动名称	物料名称	数量	规格型号要求
夏日清凉 ——会员独享	（1）满100元减70元优惠券 （2）满100元减50元优惠券 （3）满50元减20元优惠券	100份	150毫米×54毫米
	会员卡	—	／
	充值优惠	—	／
团购有好礼 ——清爽共分享	××全套系列	10份	6只
	驱蚊花露水宝宝系列	20份	2只
	××沐浴露系列	20份	500毫升
	××随身系列	50份	20毫升
	电蚊拍	500份	中号
	印章	5个	红色
	痱子粉	500份	60克
	手提袋	500份	／
	旅行装花露水	500份	25毫升

8.2　中期安排

（1）活动流程设计。

①活动期间所有员工都在每天早上9：00准时到达活动现场打卡报到；

②各小组按照分工执行当天的事务各司其职；

③场地布置组必须在活动当日（5月31日）17：00将场地布置完成；

④所有线上活动技术人员必须在5月31日17：00前完成2次测试，并将数据发送给相应负责人；

⑤负责人在每天晚上19：30把当天的数据及时整理，对接下来的活动及时调整和部署，以确保活动期间的活动正常开展，活动结束后把所有数据上传公司。

（2）活动一工作人员工作流程。

①宣传人员5月31日—6月3日外出宣传活动并发放宣传单。

②现场导购及时和顾客沟通，对前来兑奖的客户及时核对信息并发放奖品。

③后台客服及时核对截图信息，对不合格或者没有报上名的客户进行情况说明，并提醒消费者活动时间及活动要求。

（3）活动二工作人员工作流程。

①技术人员及时做好链接（5月31日15：00前），并登记好会员人数；

②淘宝客服及时跟进会员详情，客服核对好会员消费金额后发送相关的抽奖链接。

（4）活动三工作人员工作流程。

①工作人员5月31日15：00前提前采购好奖品；

②工作人员要在活动期间及时登记好领取奖品的信息，补充库存；

③兑奖人员要核对好小票金额，并及时盖上印章。

8.3 后期延续

（1）对活动中拍摄照片进行汇总，并发布至微信公众号以及抖音官方账号×；

（2）与参与活动的客户建立联系，便于回访，提高重复购买率；

（3）对活动现场进行收场，打扫场地卫生；

（4）回顾活动期间的每个活动，并对每个活动进行总结与分析，分析活动的优点和缺点，做一个活动的复盘表。

9 广告配合

9.1 企业微信号

提前编辑微信朋友圈内容，在6月1日—6月3日活动期间不定时发送朋友圈文章；发送的内容主要是"××主题活动就要开始了，你不知道就亏大了哦！你知道吗？××六一儿童节在梅溪湖有大事发生"。

9.2 立牌广告

6月1日—6月3日，湖南省××梅溪湖新天地购物中心××展柜设置一个立牌广告宣传牌；立牌海报吸引消费者的注意力，宣传牌以醒目标题对主题进行宣传。

10 经费预算

经费预算见表5。

表5　经费预算

活动名称	明细	单价/元	数量	小计金额/元
场地布置	拱门	200	1个	200
	横幅	100	4个	400
	气球	15	10个	150
	中性笔	2	20支	40
	音响	200	2个	400
	话筒	80	2个	160
	宣传册	0.5	600册	300
	矿泉水	40	2瓶	80
	海报	40	4张	80
	装饰物品	20个	10	200
	记录本	5	4张	20
	信息表	0.5	300个	150
场地租赁	场地费用	2 000	1个	2 000
优惠券	满减优惠券	—	100张	2 000
	会员卡及充值优惠	—	—	2 000
活动物资	××系列	40	500个	2 000
	驱蚊花露水宝宝系列	30	100个	300
	××沐浴露系列	50	100个	500
	××随身系列	20	100个	200
	电蚊拍	10	200个	2 000
	痱子粉	12	200瓶	2 400
	手提袋	6	200个	1 200
	旅行装花露水	8	200瓶	1 600

表5(续)

活动名称	明细	单价/元	数量	小计金额/元
人员薪酬	工作人员工资	300	20个	6 000
其他费用	—	—	—	3 000
总计				27 380

11 意外防范

（1）客服及时审核公众号的文章，特殊时期注意敏感词汇并及时把抽奖图片发给客户；

（2）后续维系好活动，当参与活动人数到达上限时及时停止客户参与；

（3）登记好奖品的兑取，避免出现库存不足的情况；

（4）及时审核网络信息，以免出现负面消息；

（5）避免在打折活动上给了错的折扣优惠，收银人员要仔细核对顾客购买的产品，给出正确的折扣优惠；

（6）工作人员要保证活动的秩序，避免活动的拥挤。

12 效果预估

通过全方位的宣传和营销，××梅溪湖新天地六一儿童节促销活动预计将取得显著成果。

在抖音平台上，××官方号预计将迎来巨大的增长，粉丝数量增加5万以上，活动官方视频的点赞数超过10万人次。这将提升品牌在抖音平台上的曝光度，增加用户对产品的认知和兴趣。

在销售额方面，活动期间的线上、线下销售额预计将比上一周增加8万元。特别是在六一儿童节期间，线上销量预计达到9万瓶，线下销量预计为8 000瓶。这将有效激发消费者的购买欲望，提升销售业绩，并进一步巩固品牌在市场上的地位。

在线上平台的影响力方面，预计六一儿童节期间，淘宝店铺的浏览量将增加40%，吸引更多消费者关注品牌和产品，增加互动和购买意愿。

参考文献

[1] 轻讯. 力促轻工制造业领域老字号品牌的高质量发展上海老字号品牌焕新研讨会在沪举行 [J]. 上海轻工业，2024（2）：10-13.

[2] 寿梦璇. Babycare母婴产品营销策略改进研究 [D]. 蚌埠：安徽财经大学，2024.

[3] 何欣洋. 儿童化妆品产业30余年品牌迭代，严管守护未来 [J]. 中国化妆品，2023（6）：56-58.

[4] 陈晶. 2020年客流2 500万人次，步步高梅溪新天地逆势上扬的底气在哪 [J]. 赢商网：2023：16-17.

示例 3　长沙市××保险公司公关活动策划方案

湖南环境生物职业技术学院毕业设计任务书

选题名称	长沙市××保险公司公关活动策划方案			
学生姓名	×××	学号	×××	专业班级	183 市场营销 1 班
指导教师	校内	×××	职称	×××
	校外	×××	职务	×××
起止时间	2020 年 11 月 1 日—2021 年 6 月 1 日			
目的	以实习公司为平台，在老师的指导下，运用校内所学专业知识，通过此次活动，首先要把××保险进行再一次宣传，提高××保险的销量，提高市场的占有率和知名度，提高在长沙的市民以及长沙保险行业的美誉度，给竞争对手一定的冲击，扩大××保险在保险行业的影响力。完成××保险公关活动策划方案的撰写，提高理论联系实践的能力和专业水平			
任务	1. 熟练掌握公关活动方案的撰写技能。 2. 了解××保险的市场现状和其他的竞争情况。 3. 分析并确定本次公关活动要达到的目标等。 4. 确定并撰写××保险公关活动策划方案			
实施步骤	1. 确定选题。根据实习单位的业务内容和自身工作实践确立毕业设计选题。 2. 调查分析。了解实习单位的基本情况，熟悉实习单位业务。围绕毕业设计选题拟定调查提纲，线上、线下搜集与选题相关资料。 3. 设计阶段。分析整理资料，在校内和企业指导老师的共同指导下，形成写作思路，开始进行毕业设计。 4. 定稿答辩。在指导教师的帮助下优化毕业设计并定稿，完成与毕业设计答辩相关的工作			
主要方法	文献资料收集法、实地调查法、问卷调查法。			
进度安排	1. 选题阶段（2020 年 11 月 1 日—2020 年 12 月 31 日）：确定选题，撰写毕业设计任务书。 2. 调研阶段（2021 年 1 月 1 日—2021 年 2 月 28 日）：完成企业现场调研和文献查阅、资料收集整理工作。 3. 写作阶段（2021 年 3 月 1 日—2021 年 5 月 20 日）：撰写毕业设计作品初稿、二稿及定稿。 4. 成果整理及答辩阶段（2021 年 5 月 21 日—2021 年 6 月 1 日）：整理毕业设计成果资料，完成毕业设计答辩			
成果表现形式	□产品设计　　□工艺设计　　☑方案设计			
参考文献	[1] 潘秋君，李文如，刘晓华. 我国人寿保险市场发展现状及公众对保险的需求分析 [J]. 中国商论，2020（15）：85-86. [2] 赵晶. 我国人寿保险市场结构、影响因素及核心竞争力分析 [J]. 现代商业，2019（5）：123-124. [3] 陶胜. 影响我国人身保险保费收入因素的实证分析 [J]. 现代商贸工业，2019，40（9）：113-114. [4] 王丽蕊. 浅谈我国人寿保险营销存在的问题及策略完善 [J]. 商业经济，2020（12）：49-50+93. [5] 王伟都. 论我国人寿保险的现状及发展前景 [J]. 纳税，2020（6）：167-169.			

指导教师 意见	
	指导教师（签名）： 年　月　日
教研室 审查意见	
	教研室主任（签名）： 年　月　日
二级学院 意见	
	负责人（签名）：　　　　　　（公章） 年　月　日

注：1. 该表作为下达毕业设计任务的依据，由指导老师指导学生填写，经所在教研室讨论、二级学院负责人签名后生效；2. 此表一式二份，一份二级学院存档，一份教研室存档；3. 签名、盖章后的电子档上传。

高职毕业设计指导手册（财经商贸类）

湖南环境生物职业技术学院

毕业设计

长沙市××保险公司公关活动策划方案

院　　系：　　　商学院　　　

学生姓名：　　　　　　　　　　

校内指导老师：　　　　　　　　

校外指导老师：　　　　　　　　

年级专业：　　　　　　　　　　

2021 年 5 月

目 录

长沙市××保险公司公关活动策划方案

1 活动背景

通过市场调研以及市场分析，现阶段保险市场竞争激烈，保险已经遍布大街小巷，各大保险公司都在以各种形式来进行推广，在长沙有很多保险公司，但中国××保险股份有限公司是国内寿险行业的龙头企业，总部位于北京，注册资本 282.65 亿元人民币。作为《财富》世界 500 强和世界品牌 500 强企业，中国××保险公司作为保险行业的龙头企业，历史悠久，实力雄厚。凭借专业领先的优势及世界知名的品牌赢得了社会客户广泛信赖，始终占据国内寿险市场领导者的地位，被誉为中国保险业的"中流砥柱"。但是，近几年来，保险产品如雨后春笋般不断涌现，保险行业面临较大的挑战，为了给行业提供模范，展示公司形象，特开展一次公关活动。

2 活动目标

通过此次活动，首先要对××保险进行再一次宣传，提高××保险公司的知名度和市场占有率，提高在长沙的市民以及长沙保险行业的美誉度，给竞争对手一定的冲击，同时扩大××保险在保险行业的影响力。

3 活动主题

"诚心服务，诚信经营，安全放心，××保险"。

4 活动对象

长沙市内所有没有买保险的人群。

5 活动地点

长沙市××保险公司。

6 活动时间

2021 年 1 月 1 日—2021 年 1 月 15 日。

7 公关活动项目流程设计

项目开始前，各个工作开始预期准备，在长沙市内繁华街道进行传单发放。区域负责人在各个小区进行宣传，寻找长沙热度较高的自媒体进行宣传，联系公交总站，在城市主要路段的公交车进行车体广告，将××保险公司的广告设施进行完善，开展自我宣传工作，在市中心区进行大屏幕广告租赁，全面进行广告宣传。与此同时，联系活动团队，邀请领导、嘉宾以及各大小门店的负责人参加活动。

7.1 项目一：剪彩活动

剪彩活动在 2021 年 1 月 1 日上午 10 时在××保险公司正式开始，在 2020 年 12 月 20~31 日之前把剪彩活动要准备的礼品、物料、流程安排以及邀请人员要全部准备和通知到位。

7.1.1 前期准备

（1）邀请长沙市政府与××保险公司有合作过的高管进行参加。

（2）邀请各大区域合伙人参加周年庆活动。

（3）搭建舞台，灯光准备。

（4）安排员工工作（现场事务安排），××保险公司保安（安保以及现场的秩序工作）。

（5）准备奖品以及小礼物（手机钢化膜、手机壳等）。

（6）准备礼花、舞台拱门、桌椅等。

7.1.2 中期执行

（1）活动团队工作人员歌手暖场。

（2）主持人上台发言，欢迎来宾。

（3）××保险公司负责人上台致开场词。

（4）××保险公司负责人以及来宾、领导上台剪彩。

（5）主持人现场抽取观众上台进行暖场问答（问答完后赠送礼品）。

（6）现场抽取幸运观众进行小礼品发放。

（7）活动团队暖场。

7.1.3 后期安排

（1）保安维持现场秩序，保护人员安全。

（2）××保险公司员工对于场内物品的整理。

（3）场上设施检查。

7.2 项目二：险种促销活动

险种促销活动在剪彩活动完毕后，于 2021 年 1 月 1 日下午正式开始，一直持续到 2021 年 1 月 15 日结束。在 2020 年 12 月 20 日，把促销活动要准备的礼品还有工作都要安排好。

7.2.1 前期准备

（1）将所有礼品券准备好，赠品、手机、奖金（礼品包括价值 2 999 元的数码相机 3 台，价值 2 999 元的手机 10 台，价值 199 元的电子产品 100 台，奖金红包 200 元的 20 个，100 元的 30 个，50 元的 100 个，钢化膜 1 000 张）。

（2）场内设施、安全通道检查、安保工作。

（3）装饰、礼品柜、抽奖柜、工作柜的摆放。

（4）红包墙搭建准备。红包墙由 150 个红包组成，进行满送现金红包摘取。

（5）场内用电检查，保证在活动期间的用电。

（6）场内员工、安保工作还有突发事件预防以及安排。

7.2.2 中期执行

（1）由××保险公司负责人宣布此次活动规则。

（2）在场内消费购买保险均可获得礼品赠送。

（3）所有的××保险险种都优惠出售，不同的险种有不同的优惠力度。

（4）购买险种时，年缴费价格超过 5 000 元的可在红包墙摘取现金红包一个，满 8 000 元可摘取现金红包两个，满 13 000 元及以上赠送礼品券，按照礼品券的抽奖码，还可在礼品区兑换礼品（礼品包括价值 2 999 元的数码相机 3 台，价值 2 999 元的手机 10 台），团购用户可以享受场内更低折扣。

（5）只要是对此活动感兴趣的（路人、观看者）都能在员工柜台领取价值 99 元的手机钢化膜一张。

7.2.3 后期安排

（1）在每日活动结束后，场内工作人员进行所有的灯饰、用电检查，保证公司用电。

（2）每日活动结束后，整理相关的数据，对购买人数进行统计等，及时将礼品进行整理，检查礼品券，如果某礼品不足，及时汇报进行补充。

（3）每日活动结束后，由负责人进行会议总结。

7.3 项目三：宝藏奖励

为增加参加活动的人流量，提高销量，××保险公司策划了一个藏宝活动，在门口张贴活动海报。宝藏活动在 2021 年 1 月 5 日上午 10 时在××保险公司正式开始，和促销活动一起进行，一直持续到 15 日结束活动。

7.3.1 前期准备

（1）奖品准备（价值 2 999 元的手机 5 台，价值 1 000 元的苹果蓝牙耳机 10 个，价值 888 元的运动环 20 个，价值 599 元的苹果外设 20 个，价值 59 元手的机壳不限）。

（2）安保、员工安排，奖品发放补充，场内秩序维护，突发情况负责人安排。

（3）卡片分为"××保险 喜迎年庆"八个字，其中人和庆两个字数量各 20 张，在用户购买后可赠送一张稀有字体，其他卡片片数量为 50 张。

（4）将所有××保险公司负责人集结会议，负责人领取店内活动卡片，每个负责人分得的卡片都有所不同，要保证稀有字体在现场内藏的位置较为隐蔽、难以找到。

7.3.2 中期执行

在用户购买商品后可赠送一张稀有字体，所有奖励商品送完即止。

（1）集齐"××保险 喜迎年庆"八个字，可兑换最高奖励价值 2 999 元的手机一台。

（2）集齐"××保险 喜迎年庆"八个字中带稀有字体其中一个字体的六个字，可兑换价值 1 000 元的苹果蓝牙耳机一个。

（3）集齐"××保险"或者"喜迎年庆"四个字可兑换价值 888 元的运动手环一个。

（4）集齐带稀有字体其中一个字的三个字可兑换价值 599 元的苹果外设一部。

（5）集齐不带稀有字体其他六个字可兑换价值 59 元的手机壳一个。

7.3.3 后期延续

（1）活动结束后，所有工作人员整理各个商品产品，并对卡片进行收集。

（2）每日负责人开会进行日常总结。

（3）兑换区负责人对未兑换奖品以及需要补充的奖品及时汇报。

8 媒介宣传

8.1 海报、传单广告宣传

（1）在公司门口、小区进行宣传。

（2）在人流量比较大的地方，可通过发放传单宣传本次活动。

（3）在小区、商场、大厦进行海报张贴宣传。

（4）在长沙市内选取几种公交车进行公交车身广告投放。

8.2 自媒体广告宣传

（1）用长沙知名度较高的自媒体进行宣传。

（2）在公司员工的朋友圈进行发送。

（3）在公司公众号上进行宣传。

所有广告提前一个月开始实施，为进一步宣传准备。

9 进度安排、物料准备

进度物料安排见表1。

表1 进度物料安排

时间	具体事件	物料内容	数量	备注
2021年12月20日—2021年12月31日	活动前期准备工作	舞台拱门	1份	12月31日之前将一切准备工作落实到位
		海报	10份	
		桌椅	总计100张	
		宣传单	1 000份	
2021年1月1日—2021年1月15日	活动中期执行	数码相机	3台	在活动中要保证活动物品充足
		手机	10台	
		电子产品	100台	
		奖金红包	150个	
		苹果蓝牙耳机	10个	
		运动手环	20个	
		苹果外设	20个	

10 费用预算

费用预算见表2。

表2 费用预算

序号	名称	项目	单价/元	数量	金额/元
1	门店宣传	海报广告	100	5份	500
2	媒体宣传	视频广告	5 000	—	5 000
3	公交站车身广告	车身广告	6 000份	20	120 000
4	××保险公司宣传	传单广告	0.2	10 000	2 000
5	公司公众号网店	网络广告	5 000	—	5 000
6	活动承包团队	团队	20 000	1个	20 000
7	数码相机	礼品	2 999	3台	8 997
8	手机	礼品	2 999	15台	44 985
9	电子产品	礼品	199	100台	19 900
10	奖金红包	礼品	80	150个	12 000
11	苹果蓝牙耳机	礼品	1 000	10个	10 000
12	运动手环	礼品	888	20个	17 760
13	苹果外设	礼品	599	20个	11 980
14	钢化膜	礼品	2	1 000张	2 000

表2(续)

序号	名称	项目	单价/元	数量	金额/元
15	手机壳	礼品	6	1 000个	6 000
16	酒店晚宴	晚宴	800	10次	8 000
17	合计		294 122		

11 效果评估

通过本次活动，重新让消费者熟悉认知××保险公司，提高了公众的影响力，同时在公众心目中树立了良好的企业形象，迅速打开了长沙保险市场，让消费者谈到保险产品就能想到××保险公司，让××保险公司产业在长沙各地区迅速扩展，并且此次活动给竞争对手一次巨大的打击。××保险公司从长沙本土保险行业市场占有率的50%上升至70%，不仅提升了市场销量，同时各个区域的知名度与美誉度有所上升。

参考文献

[1] 潘秋君，李文如，刘晓华. 我国人寿保险市场发展现状及公众对保险的需求分析 [J]. 中国商论，2020（15）：85-86.

[2] 赵晶. 我国人寿保险市场结构、影响因素及核心竞争力分析 [J]. 现代商业，2019（5）：123-124.

[3] 王丽蕊. 浅谈我国人寿保险营销存在的问题及策略完善 [J]. 商业经济，2020（12）：49-50.

[4] 王伟都. 论我国人寿保险的现状及发展前景 [J]. 纳税，2020（6）：167-169.

示例4 ××洗洁精新产品上市推广策划方案

湖南环境生物职业技术学院毕业设计任务书

选题名称	××洗洁精新产品上市推广策划方案			
学生姓名	×××	学号 ×××	专业班级	2020级市场营销（新媒体营销方向）
指导教师	校内 ×××	职称	×××	
	校外 ×××	职务	×××	
起止时间	2023年10月15日—2024年6月1日			
目的	通过在广州××企业集团有限公司实习，结合校内所学专业知识，设计××洗洁精新产品上市推广策划方案，为产品推广活动提供活动依据，完成××洗洁精新产品上市推广方案的撰写，提高专业实践能力			
任务	1. 熟练掌握新产品推广活动策划方案的撰写技能。 2. 了解××洗洁精的市场现状和行业竞争情况。 3. 分析并确定新产品的特点、进行SWOT的分析，确定活动对象、推广目标及策略等。 4. 确定并撰写××洗洁精新产品上市推广活动策划方案。			
实施步骤	1. 确定选题方向并收集历年来××洗洁精新产品上市活动的相关资料。 2. 初步确定××洗洁精新产品上市推广策划方案。 3. 撰写××洗洁精新产品上市推广策划方案并修改。 4. 确定××洗洁精新产品上市推广策划方案，完成毕业设计成果			
主要方法	专家调查法、文献资料收集法、案例研究法			
进度安排	1. 2023年10月15日—2024年2月1日：收集资料，根据实习情况和毕业设计备选题目表，确定选题，并完成毕业设计任务书。 2. 2024年2月2日—2024年4月25日：根据毕业设计目的，进行相应的数据调研及资料收集整理，进行毕业设计总体框架构思，完成毕业设计初稿。 3. 2024年4月26日—2024年5月20日：在老师的指导下进一步修改毕业设计初稿。 4. 2024年5月21日—2024年6月1日：确定××洗洁精新产品上市推广策划方案，完成毕业设计成果			
成果表现形式	□产品设计　□工艺设计　☑方案设计			
参考文献	[1] 赵宇澄. 新产品上市情境下的预售价格和时长决策研究 [D]. 南京：东南大学，2022. [2] 邓添举. 新媒体传播中精准广告的营销方式研究 [D]. 武汉：湖北大学，2022. [3] 陈岳. V公司本土市场新产品上市推广优化研究 [D]. 上海：华东师范大学，2022. [4] 王丽培，陈雅. 阅读推广方案设计效用评价分析 [J]. 新世纪图书馆，2022（10）：92-97. [4] 杨东. 企业新产品推出市场的序贯策略研究 [D]. 上海：上海交通大学，2021.			

指导教师 意见	指导教师（签名）： 年　月　日
教研室 审查意见	教研室主任（签名）： 年　月　日
二级学院 意见	负责人（签名）：　　　　　（公章） 年　月　日

注：1. 该表作为下达毕业设计任务的依据，由指导老师指导学生填写，经所在教研室讨论，二级学院负责人签名后生效；2. 此表一式二份，一份二级学院存档，一份教研室存档；3. 签名、盖章后的电子档上传。

第六章　市场营销专业毕业设计示例

湖南环境生物职业技术学院

毕业设计

××洗洁精新产品上市推广策划方案

院　　系：＿＿＿＿商学院＿＿＿＿

学生姓名：＿＿＿＿＿＿＿＿＿＿

校内指导老师：＿＿＿＿＿＿＿

校外指导老师：＿＿＿＿＿＿＿

年级专业：＿＿＿＿＿＿＿＿＿＿

2024 年 5 月

目　录

第六章　市场营销专业毕业设计示例

××洗洁精新产品上市推广策划方案

1 企业介绍

广州××企业集团有限公司（以下简称"××科技集团"）创建于1994年，总部位于广州市，始终坚持以"振兴民族大日化"为己任，以"世界名牌 百年××"为愿景、"健康幸福每一家"为使命、"立信、立责、立质、立真、立先"为核心价值观，坚持不断创新，引领民族日化行业勇毅前行。

历经30年的发展，××科技集团推出了一批又一批具有划时代意义的创新产品，涵盖织物洗护、餐具清洁、口腔护理、个人护理等品类。

2 市场分析

2.1 宏观环境分析及行业分析

洗洁精市场是一个庞大的市场，其中包括多种品牌和类型的洗洁精产品。

2.1.1 宏观环境分析

洗洁精市场规模庞大，预计未来几年将继续扩大。根据市场调研公司的数据，全球洗涤剂市场规模在2020年达到了1 300亿美元左右，其中洗洁精占据了相当大的市场份额。

2.1.2 竞争对手分析

洗洁精市场竞争激烈，主要品牌包括红玫瑰、联合利华、威露士等。这些品牌在市场上拥有广泛的知名度和强大的品牌实力，同时还有许多小型品牌和国内品牌的竞争。

2.1.3 消费者分析

随着环境问题的日益突出，消费者对环保产品的需求不断增加。洗洁精是家庭清洁用品中常用的产品之一，因此，消费者对洗洁精的环保性能更加关注，他们倾向于选择无磷或低磷的洗洁精，并且希望产品能够快速分解、对水生生物无害，并且包装可回收或可降解。消费者对洗洁精的清洁效果要求越来越高，他们期望洗洁精能够彻底去除油脂和污渍，同时不损害清洁物体的表面。针对不同的清洁任务，如洗涤餐具、清洁厨房表面或清洗衣物，消费者也会寻找具有特定功能和性能的洗洁精。消费者对洗洁精的成分安全性越来越关注，他们希望洗洁精不含有害化学物质，如石化溶剂、氯化物等。相反，他们更倾向于选择天然成分或植物提取物制成的洗洁精，以确保产品的安全性和对人体的温和性。消费者追求生活的便利性，对洗洁精也有相应的需求，他们希望产品易于使用、具有良好的泡沫性能，并且容易冲洗。此外，消费者还关注产品的包装形式，如泵装瓶或喷雾瓶，以及产品的携带方便性，如旅行包装或便携式装置。洗洁精市场竞争激烈，消费者对创新和个性化的产品越来越感兴趣，他们喜欢尝试新的产品形式、香味和功能，如具有漂亮包装设计的限量版洗洁精。

总体来说，洗洁精市场的竞争激烈，但随着消费者对环保健康、高效清洁等方面的需求不断增加，该市场也面临诸多机遇和挑战。针对这些市场趋势，××公司推出的新产品具有一定的市场前景和竞争优势。

2.2 目标市场

××洗洁精是一款清洁剂产品，针对的是需要清洁家居环境的消费者。其目标市场和消费者画像可以根据以下几个方面来描述：

2.2.1 年龄

目标消费者的年龄段一般在25～55岁。这个年龄段的人群在家居清洁方面比较注重卫生，同时也有一定的经济能力去购买高品质的清洁剂产品。

2.2.2 性别

××洗洁精的消费者群体中男、女的比例大致相等，因为家居清洁不是特别与性别相关的需求。

2.2.3 收入

目标市场的消费者收入水平中等以上，足够支持他们购买高品质的清洁剂产品。

2.2.4 教育水平

目标市场的消费者教育水平一般比较高，他们对于环保和品质要求更高，对于清洁剂产品的配方和成分等方面也比较关注。

2.2.5 消费习惯

目标市场的消费者一般会定期购买清洁剂产品，对于家居卫生有较高的要求。他们比较注重产品的品质、安全性以及环保性，并且在购买清洁剂产品时也会考虑价格和性价比等因素。

3. 新产品特点分析

3.1 高效

新产品具有更高效的清洁能力，能够更好地清洁各种污渍，让洗涤更快速、更彻底。

3.2 温和

新产品采用更加温和的成分，能够更好地保护家居物品和用户的皮肤，减少对环境的负面影响。

3.3 健康

提供更健康的使用体验，能够让用户在使用时减少接触有害化学物质的风险，更加安心舒适。

3.4 价优

提供更佳的性价比，比之前的产品更具有价格优势，让消费者更加愿意购买和使用。

4 新产品SWOT分析

4.1 优势

（1）品牌在社会上奠定了一定的基础，在市场上形成一定的固定消费群体，易于推广。

（2）公司对推出新产品的投入研发经费较多，在前期推广和运营方面做了充足的准备，可以进一步吸引潜在消费群体。

4.2 劣势

（1）洗涤用品市场竞争激烈，许多国内外品牌都在这个领域有所涉及。

（2）产品研发升级速度慢，从新产品研发到新产品推广以及让客户接受总计需要三年的时间。

（3）投入成本大。

4.3 机会

（1）随着人们生活水平的提高，对家庭清洁的要求也日益增加，市场需求量也随之增加。

（2）消费者对清洁产品的需求不断升级，对高效、环保的清洁产品的需求也不断增加。

（3）新产品上市可以满足这一市场升级换代的需求。

4.4 威胁

（1）洗涤用品市场竞争激烈，许多国内外品牌都在这个领域有所涉及。

（2）新产品上市可能需要应对竞争对手的强大挑战。

（3）如果新产品在市场上受欢迎度不及预期，可能会导致现有市场份额下降。

（4）市场上有类似产品，新产品上市面临比较大的竞争；产品核心不够突出，所以在产品定价上既需要考虑到价格敏感的消费者，又需要保证产品质量和利润。

5 品牌产品定位

（1）××洗洁精将其产品定位为高效洁净的选择。这意味着，××洗洁精新产品能够迅速而彻底地清洁污渍和油脂，让餐具、器皿和厨房表面焕然一新。

（2）××洗洁精强调其产品的温和呵护特性。这意味着，××洗洁精的配方柔和，不会对皮肤造成刺激或干燥，使消费者可以放心使用而不担心对手部皮肤造成伤害。

（3）××洗洁精可能在产品定位中突出其环保友好的特点，这包括使用可再生材料、推行绿色生产流程、减少化学物质的使用或推动回收和可持续性倡议等。这样的定位可以吸引那些注重环境保护和可持续发展的消费者。同时，××洗洁精新产品又定位为多功能应用的解决方案。这意味着，××洗洁精新产品不仅适用于清洗餐具和厨房用具，还适用于清洗其他家居表面，如擦拭玻璃、清洁地板等。这样的定位可以满足消费者的多种清洁需求。

此外，××洗洁精还将其产品定位为高品质与可靠性的代表。这意味着，××洗洁精产品经过精心研发和测试，以确保其品质稳定，并能在不同的清洁任务中提供一致的效果，这样的定位可以吸引那些对品质和可靠性有较高要求的消费者。

6 推广目标

××洗洁精新产品的推广目标可以进一步落实为具体的营销目标。

6.1 增加市场份额

××洗洁精设定增加市场份额作为主要推广目标。通过广告宣传、市场促销和提高品牌认知度，××洗洁精可以吸引更多的消费者选择其产品，从而在市场上增加自己的份额。

6.2 提高品牌认知度

品牌认知度是推动销售增长的关键因素之一。××洗洁精可能将提高品牌认知度作为推广目标，通过广告、宣传活动、社交媒体和与消费者的互动，使更多的人了解和熟悉××洗洁精，并将其与高质量和有效的洗涤产品联系在一起。

6.3 强调产品的特点和优势

××洗洁精可能希望通过推广活动来突出其产品的特点和优势。这可能包括强调××洗洁精的洁净效果、去污能力、环保特性、温和配方或经济实惠等方面，以吸引目标消费者并区别于竞争对手。

6.4 拓展目标市场

××洗洁精可能设定拓展目标市场为推广目标。涉及进军新的地理市场、目标特定消费者群体（如家庭主妇、年轻专业人士或环保倡导者）或扩大产品线以满足不同需求。

6.5 提高重复购买率

××洗洁精可能希望通过推广活动来提高消费者的重复购买率。这可以通过提供促销活动、奖励计划、提高客户满意度和忠诚度等方式实现，以鼓励消费者一直选择××洗洁精产品。

7 推广策略

7.1 广告宣传

（1）广告时间：2023 年 4 月 1 日—2023 年 4 月 30 日。

（2）广告媒介：主流电视台及数字广告平台及社交媒体平台。

（3）广告主题：健康美好生活，轻松首选××。

（4）广告语：家有××，健康洁白。

（5）广告片段：周末的晚上，一家人围坐在餐桌前开心地享受着妈妈精心准备的美食。晚餐后，妈妈只见满桌的碗筷，有些发愁。这时，爸爸一边拿出今天刚买回的××洗洁精新产品，一边笑着说："××新产品，浓缩配方，自动去油，今天就让我来刷碗吧！"一会儿，厨房传出响亮的感叹声："哇，还真神奇！用××，效果真好，碗洗得干干净净的，并且不残留不伤手！"这时，妈妈开心地笑着对爸爸说："以后，我们家刷碗的差事就交给你啦！"

7.2 举办新品发布会

（1）活动主题：××新产品 创造新生活。

（2）活动时间：2023 年 4 月 1 日 8：30—11：30。

（3）活动地点：广州××集团有限公司。

（4）活动对象：媒体、消费者和行业专家。

（5）活动目的：介绍××洗洁精的新品特点和功效，并展示产品的使用效果。

（6）活动流程：

08：30 迎宾（礼仪小姐引导嘉宾签名和派发小礼品等）。

09：30 主持人登场，介绍到场嘉宾并介绍××新产品。

09：45 现场互动、表演、宣传、参观。

11：30 活动结束。

7.3 新产品促销活动

（1）活动目的：通过促销活动，推广××洗洁精新产品，促进该产品的销售。

（2）活动时间：2023 年 5 月 1 日—2023 年 5 月 30 日。

（3）活动地点：广州市场有××洗洁精销售的实体店。

（4）活动内容。

①折扣促销：活动期间，购买××洗洁精新产品系列达到一定的量即可享受折扣优惠，一次性购买满2件享受9.5折，一次性购买满3件享受8.5折，一次性购买满4件享受7.5折。买的越多折扣力度越大。

②赠送样品：在商场、超市等地方赠送小样，让消费者更直观地感受到新产品的优点，从而吸引更多的消费者尝试购买新产品。

③优惠券促销：在新品推出期间，向消费者发放优惠券，吸引更多消费者购买并尝试使用新产品。

④限时秒杀：针对新产品进行限时秒杀活动，吸引更多消费者抢购新产品。

8 经费预算

活动经费预算见表1。

表1 活动经费预算　　　　　　　　　　　　　单位：元

序号	费用项目	预算金额
1	广告预算	60 000
2	促销预算	50 000
3	发布会预算	100 000
4	其他费用	40 000

9 效果评估

通过此次活动的策划，预计××洗洁精新产品品牌知名度将会提升15%，该新产品能得到大力的推广，同时，能有效地提高××洗洁精新产品的市场占有率，并能增强消费者对该产品的认知，有利于增加××洗洁精新产品的销售额。

参考文献

[1] 赵宇澄. 新产品上市情境下的预售价格和时长决策研究 [D]. 南京：东南大学，2022.

[2] 邓添举. 新媒体传播中精准广告的营销方式研究 [D]. 武汉：湖北大学，2022.

[3] 陈岳. V公司本土市场新产品上市推广优化研究 [D]. 上海：华东师范大学，2022.

[4] 王丽培，陈雅. 阅读推广方案设计效用评价分析 [J]. 新世纪图书馆，2022，(10)：92-97.

[5] 杨东. 企业新产品推出市场的序贯策略研究 [D]. 上海：上海交通大学，2021.

第七章

现代物流管理专业
毕业设计示例

示例1 天天快递广州分拨中心作业
标准化管理体系设计

湖南环境生物职业技术学院毕业设计任务书

选题名称	天天快递广州分拨中心作业标准化管理体系设计				
学生姓名	×××	学号	×××	专业班级	×××
指导教师	校内	×××		职称	×××
	校外	×××		职称	×××
起止时间	2020年11月1日—2021年6月1日				
目的	在天天快递广州分拨中心实习期间，发现该分拨中心各环节作业不标准、出错率较高、分拨路线设计不合理等导致分拨工作效率低的问题，在实地调研的基础上，运用所学的知识和技能有针对性地对××天天快递广州分拨中心进行作业管理标准化体系设计，并通过整个毕业设计提升自己发现问题、分析问题并运用专业知识解决问题的能力				
任务	1. 调研：对××天天快递广州分拨中心前后端进、出港作业流程，进、出港作业工序内容进行调研。 2. 考察：对××天天快递广州分拨中心作业流程、作业管理内容及存在的问题进行考察，在此基础上设计相应的标准化管理体系。 3. 方案设计：基于××天天快递公司广州分拨中心进出港作业共有的7个工序，拟定从这7个方面制定分拨中心作业标准化管理体系：①地磅到车作业标准；②车辆卸货作业标准；③操作分解作业流程；④小件操作作业标准；⑤装车操作作业标准；⑥留仓件作业标准；⑦地磅发车作业标准				
实施步骤	1. 选题：根据本人在××天天快递广州分拨中心中发现的系列问题，与指导老师商议确定选题。 2. 收集资料：查阅相关理论文献资料，收集调研公司与毕业设计相关业务资料。 3. 撰写毕业设计：按计划完成毕业设计初稿、3次修改稿、定稿等撰写工作。 4. 毕业设计答辩：提交毕业设计答辩申请，完成答辩系列工作				

主要方法	调研法、实地考察法
进度安排	1. 选题阶段（2020 年 11 月 1 日—2020 年 12 月 31 日）：确定选题，撰写毕业设计任务书。 2. 调研阶段（2021 年 1 月 1 日—2021 年 2 月 28 日）：完成企业现场调研和文献查阅、资料收集整理工作。 3. 写作阶段（2021 年 3 月 1 日—2021 年 5 月 20 日）：撰写毕业设计作品初稿、二稿及定稿。 4. 成果整理及答辩阶段（2021 年 5 月 21 日—2021 年 6 月 1 日）：整理毕业设计成果资料，完成毕业设计答辩
成果表现形式	□产品设计　　□工艺设计　　☑方案设计
参考文献	［1］于淼，张丽慧. 由××物流管理模式引发的思考［J］. 管理现代化，2019（7）：190-192. ［2］刘云霞. 现代物流管理［M］. 北京：清华大学出版社，2018：158-200. ［3］钱菲. ××物流天天快递公司现状及对策探讨［D］. 南京：东南大学，2018：236-290.
指导教师意见	 指导教师（签名）： 年　月　日
教研室审查意见	 教研室主任（签名）： 年　月　日

高职毕业设计指导手册（财经商贸类）

二级学院 意见	
	负责人（签名）： 　　　　　（公章） 　　　　　　　　　　年　月　日

注：1. 该表作为下达毕业设计任务的依据，由指导老师指导学生填写，经所在教研室讨论、二级学院负责人签名后生效；2. 此表一式二份，一份二级学院存档，一份教研室存档；3. 签名、盖章后的电子档上传。

湖南环境生物职业技术学院毕业设计

毕业设计

天天快递广州分拨中心

作业标准化管理体系设计

院　　系：　　商学院

学生姓名：

校内指导老师：

校外指导老师：

年级专业：

2021 年 5 月

目 录

天天快递广州分拨中心作业标准化管理体系设计

1 毕业设计背景

本人于 2020 年 6 月开始在××快递广州分拨中心实习，在为期 10 个月的实习工作中发现分拨中心各环节作业流程不标准，出错率较高，分拨路线设计不合理等各种问题而导致分拨工作效率低。基于上述问题，本人结合××快递广州分拨中心相关业务内容、作业流程有针对性地设计了分拨中心作业标准化管理体系。

2 天天快递广州分拨中心作业流程分析

2.1 前端称重分拨进港作业分析

前端称重分拨进港作业包括车辆进站、PC 端过磅、车辆靠位、PDA 扫描操作、干线封签操作、车辆靠位、到件称重扫描、到件扫描、快件细分、封签操作、发件扫描、PC 端过磅发车、填写封签本、记录日报表。具体流程如图 1 所示。

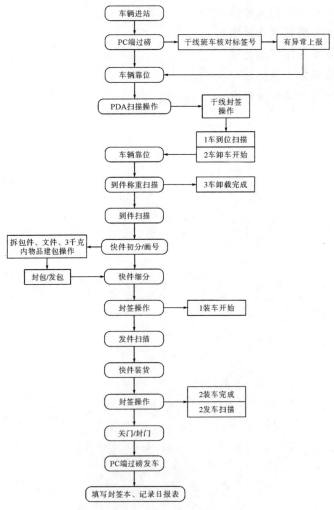

图 1 前端称重分拨进港作业流程

2.2 前端称重分拨出港作业分析

前端称重分拨出港作业包括车辆进站、PC 端过磅、打印磅单、司机签字领取磅单、车辆卸货、快件细分、快件装货、PC 端过磅发车、填写封签本。具体流程如图 2 所示。

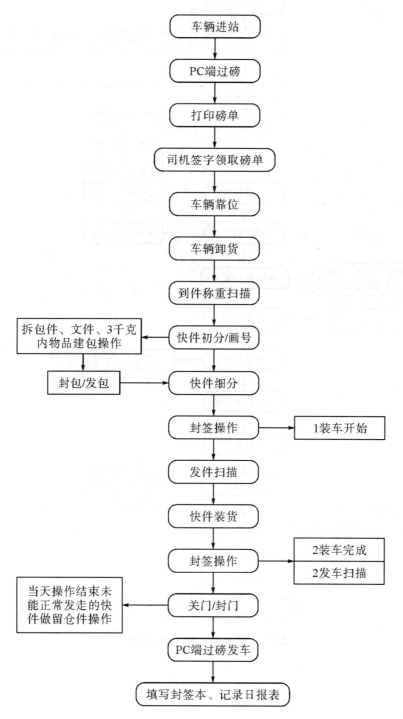

图 2 前端称重分拨出港作业流程

2.3 后端称重分拨进港作业分析

后端称重分拨进港作业包括车辆进站、PC端过磅、PDA扫描操作、快件细分、封签操作、发件称重扫描、快件装货，填写封签本、记录日报表。具体流程如图3所示。

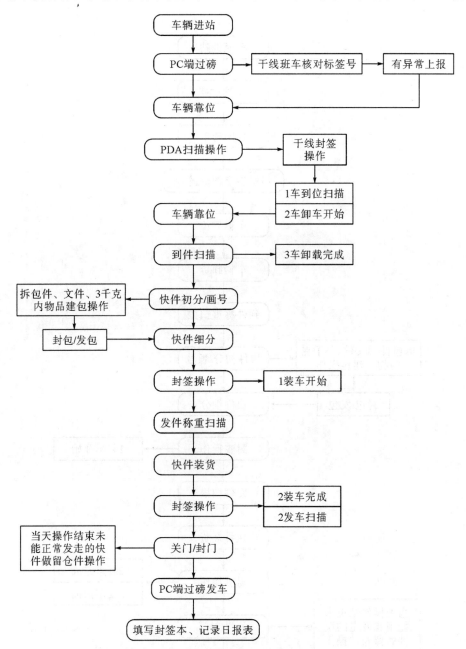

图3 后端称重分拨进港作业流程

2.4 后端称重分拨出港作业分析

后端称重分拨出港作业包括车辆进站、PC 端过磅、打印磅单、司机签字领取磅单、车辆卸货、封签操作、PC 端过磅发车、填写封签本、记录日报表。具体流程如图 4 所示。

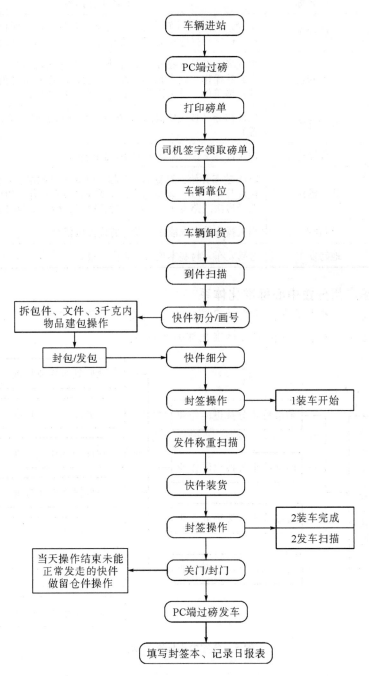

图 4 后端称重分拨出港作业流程

进出港作业均包括地磅到车、车辆卸货、操作分拣、小件操作、装车操作、留仓件、地磅发车7个工序。具体内容如表1所示。

表1　七道工序的内容

序号	工序名称	具体工作内容
1	地磅到车	车辆地磅停稳到车过磅，干线核对封签、记录时间、有异常上报，过磅扫描应在监控区域内操作，空车进站需过磅备注
2	车辆卸货	由现场调度员安排车辆有序排队，引导司机靠位停车；干线班车封签操作：到车扫描、卸车开始；卸货异常件处理；称重到件扫描单件、整包称重；车签扫描：卸车完成
3	操作分拣	快件初分（按线体流向）；快件细分（按公司分拨卡口分拣到位置）
4	小件操作	按包件、文件、3千克内物品建包操作
5	装车操作	PDA装车开始；封签绑定车牌；PDA发件扫描：快件绑定封签；快件装车；PDA装车完成：完成快件装车操作；PDA发车扫描：选择班次线路发车；关门、封签锁门、检查车厢门是否关好
6	留仓件	当天操作结束未能正常发走的快件做留仓
7	地磅发车	过磅发车、封签本填写、完成日报表

3　天天快递广州分拨中心标准化体系

基于分拨中心进出港作业共有的7道工序，拟定从这7个方面建立相应的分拨中心作业标准化管理体系。分拨中心标准化体系如图5所示。

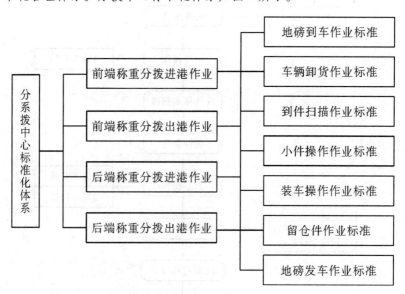

图5　分拨中心标准化体系

3.1 地磅到车作业标准

地磅到车作业涉及的作业条件、使用物料、使用设备及工具、作业流程具体标准如表2所示。

表2　地磅到车作业标准

标准类型	详细规范
作业条件	①悬挂本工序作业指导书。 ②周边作业环境良好。 ③工衣保持整洁，佩戴工牌、保持良好的精神状态
使用物料	①水笔一支。 ②三联纸一盒。
使用设备及工具	①电脑一台。 ②地磅一台。 ③减速带一套。 ④打印机一台
作业流程	①作业准备：打开电脑、登录账号，进入车扫描页面。 ②核对进港车辆信息：核对封签本上的车牌号、封签号和实际进港车辆。 ③到车扫描：检查车辆是否整车停放地磅，输入车牌后选择上一站路线，待车辆停稳点提交键进行到车扫描。 ④磅单打印：支线班车磅单打印，押车员签字领取磅单，凭单卸货。 ⑤过磅完成：过磅完成电铃提醒司机驶离地磅，填写日报表数据

3.2 车辆卸货作业标准

车辆卸货作业涉及的作业条件、使用物料、使用设备及工具、作业流程具体标准如表3所示。

表3　车辆卸货作业标准

标准类型	详细规范
作业条件	①悬挂本工序作业指导书。 ②搬货时佩戴安全手套。 ③周边作业环境良好。 ④工衣保持整洁，佩戴工牌、保持良好的精神状态
使用物料	安全手套一双
使用设备及工具	①巴枪一支。 ②钳子一个
作业流程	①打开射灯，佩戴安全手套，核对卸货车辆信息。 ②引导车辆到相应卸货口。 ③流转：将快件面朝上放置在伸缩机传送皮带机，轻拿轻放，快件不叠加，要注意卸货速度。 ④搬运：先卸车厢里轻、小的快件，自上而下卸货，便于提高卸货效率。 ⑤卸车完成：确定快件是否已经卸空，有无快件泄漏。确认没有问题与司机沟通，通知车辆离开

3.3 到件扫描作业标准

到件扫描作业涉及的作业条件、使用物料、使用设备及工具、作业流程具体标准如表4所示。

表 4　到件扫描作业标准

标准类型	详细规范
作业条件	①悬挂本工序作业指导书。 ②周边作业环境良好。 ③工衣保持整洁，佩戴工牌、保持良好的精神状态
使用物料	①手套一副。 ②胶带一卷。 ③胶筐一个
使用设备及工具	巴枪一支
作业流程	①作业准备：领取手持终端并在巴枪领取登记表上签字，佩戴安全手套。 ②核对进港车辆信息：核对任务单上的车牌号和实际进港车辆的车牌号。 ③设置手持终端：使用本人的账号和密码登录，进入到件模块，扫描或者输入上一站。 ④核对路由：核对快件路由与岗位路由是否一致。 ⑤作业结束：交还手持终端，在巴枪领用登记表上签字确认

3.4　小件解包作业标准

到件扫描作业涉及的作业条件、使用物料、使用设备及工具、作业流程具体标准如表 5 所示。

表 5　小件解包作业标准

标准类型	详细规范
作业条件	①悬挂本工序作业指导书。 ②搬货时佩戴安全手套。 ③周边作业环境良好。 ④工衣保持整洁，佩戴工牌、保持良好的精神状态
使用物料	①安全手套一双。 ②剪刀一把
作业流程	①作业准备：取下流水线上的小件包，搬运至小件拆包处。 ②取下包牌，将包牌存放至指定容器内，避免乱丢乱扔。 ③拆包：将小件包搬至拆包平台；用剪刀剪开小件包一端的线头，抽线拆解。 ④倒包：双手捏住小件包底部，向上轻提小件包，将小件包内的小件倒在拆包台上。 ⑤作业结束：清理现场垃圾，做好 6S 管理工作；确保拆包台下面和周围无遗留快件

3.5　装车操作作业标准

装车操作作业涉及的作业条件、使用物料、使用设备及工具、作业流程具体标准如表 6 所示。

表 6　装车操作作业标准

标准类型	详细规范
作业条件	①悬挂本工序作业指导书。 ②搬货时佩戴安全手套。 ③周边作业环境良好。 ④工衣保持整洁，佩戴工牌、保持良好的精神状态

表6(续)

标准类型	详细规范
使用物料	安全手套一双
使用设备及工具	巴枪一支
作业流程	①引导车辆：引导车辆停放在相应装货口，保证伸缩机能正常伸入车厢。 ②核对路由：核对快件目的地是否与本车路由一致。 ③搬运：搬运时避免动作过大，轻拿轻放。 ④码放快件：快件按照大不压小、重不压轻原则放

3.6 留仓件作业标准

留仓件作业标准涉及的作业条件、使用物料、使用设备及工具、作业流程具体标准如表7所示。

表7 留仓件作业标准

标准类型	详细规范
作业条件	①悬挂本工序作业指导书。 ②周边作业环境良好。 ③工衣保持整洁，佩戴工牌、保持良好的精神状态
使用设备及工具	巴枪按实际操作使用量
作业流程	①设置手持终端：使用本人的账号和密码登录，进入留仓件界面。 ②留仓件扫描：选择留仓原因，扫描快件，登录始发地。 ③留仓件堆放：整齐堆放，做好界限，次日优先装车

3.7 地磅发车作业标准

地磅发车作业标准涉及的作业条件、使用物料、使用设备及工具、作业流程具体标准如表8所示。

表8 地磅发车作业标准

标准类型	详细规范
作业条件	①悬挂本工序作业指导书。 ②周边作业环境良好。 ③工衣保持整洁，佩戴工牌、保持良好的精神状态
使用设备及工具	①电脑一台。 ②地磅一台。 ③减速带一套。 ④打印机一台。 ⑤电铃一台
作业流程	①作业准备：打开电脑、登录账号，开启地磅仪表、检查重量是否为0，进入发车扫描界面。 ②出港车辆发车信息：填写车辆封签本发车信息、日期、路由、封签号、发车时间。 ③加班车发车信息：填写加班车、信息日期、车牌、车型、发车时间、运行时间、规定、到达时间、发审核人填写完整

·157·

4 小结

本毕业设计是本人在天天快递广州分拨中心实习期间发现分拨中心各环节作业不

标准、出错率较高、分拨路线设计不合理等导致分拨工作效率低的问题，结合天天快递广州分拨中心相关业务内容、作业流程有针对性地构建了分拨中心作业标准化管理体系。该体系在具体实施控制及方案推行上，还有很多工作要做，需要在后期具体实施中探索和改善。

参考文献

[1] 于淼，张丽慧. 由××物流管理模式引发的思考 [J]. 管理现代化，2019（7）：190-192.

[2] 刘云霞. 现代物流管理 [M]. 北京：清华大学出版社，2018：158-200.

[3] 钱菲. ××物流天天快递公司现状及对策探讨 [D]. 南京：东南大学，2018：236-290.

示例2　××物流公司仓储管理优化方案设计

湖南环境生物职业技术学院毕业设计任务书

选题名称	××物流公司仓储管理优化方案设计				
学生姓名	×××	学号	×××	专业班级	×××
指导教师	校内	×××	职称	×××	
	校外	×××	职务	×××	
起止时间	2021年11月1日—2022年6月1日				
目的	在××物流公司实习期间，发现该公司仓储布局有效利用率较低、储位管理不当货物出库时耗费的时间较多且出现虚假缺货的状况、仓储活动混乱、缺少与供应商的合作与管理机制等问题。在实地调研的情况下，运用所学到的知识和技能对××物流公司进行仓储管理优化方案设计，并通过整个毕业设计提升自己发现问题、分析问题并运用所学的专业知识解决问题的能力				
任务	1. 调研：对××物流公司仓储管理的仓储布局、储位管理、仓储活动、与供应商的合作管理机制等内容进行调研。 2. 考察：对××物流公司的作业流程、仓储情况存在的问题进行考察，在原有的基础上设计合适的优化方案。 3. 方案设计：基于原有的仓储管理问题，进行四点优化：①仓储布局优化；②加强储位管理；③仓储活动规范化；④建立与供应商的合作机制				
实施步骤	1. 选题：根据本人在××物流公司发现的系列问题，与指导老师商议确定选题。 2. 收集资料：收集调研公司与毕业设计相关的业务资料。 3. 撰写毕业设计：按计划完成毕业设计初稿、3次修改稿、定稿等撰写工作。 4. 毕业设计答辩：提交毕业设计答辩申请，完成答辩系列工作				
主要方法	调研法、实地考察法				
进度安排	1. 选题阶段（2021年11月1日—2021年12月31日）：确定选题，撰写毕业设计任务书。 2. 调研阶段（2022年1月1日—2022年2月28日）：完成企业现场调研和文献查阅、资料收集整理工作。 3. 写作阶段（2022年3月1日—2022年5月20日）：撰写毕业设计作品初稿、二稿及定稿。 4. 成果整理及答辩阶段（2022年5月21日—2022年6月1日）：整理毕业设计成果资料，完成毕业设计答辩				
成果表现形式	□产品设计　　□工艺设计　　☑方案设计				
参考文献	[1] 张梦霞, 沈惠. S公司仓储布局优化研究 [J]. 中国储运, 2021 (10)：161-162. [2] 吴海军. 对物流仓储管理机制优化策略的分析 [J]. 营销界, 2019 (13)：37-38. [3] 王秀武, 王施权. 探讨ABC分类法在企业库存管理的应用 [J]. 科学管理, 2019 (11)：65-67.				

高职毕业设计指导手册（财经商贸类）

指导教师 意见	
	指导教师（签名）： 　　　　　　年　月　日
教研室 审查意见	
	教研室主任（签名）： 　　　　　　年　月　日
二级学院 意见	
	负责人（签名）：　　　　（公章） 　　　　　　年　月　日

　　注：1. 该表作为下达毕业设计任务的依据，由指导老师指导学生填写，经所在教研室讨论、二级学院负责人签名后生效；2. 此表一式二份，一份二级学院存档，一份教研室存档；3. 签名、盖章后的电子档上传。

湖南环境生物职业技术学院

毕业设计

××物流公司仓储管理优化方案设计

院　　系：＿＿＿＿商学院＿＿＿＿

学生姓名：＿＿＿＿＿＿＿＿＿＿＿

校内指导老师：＿＿＿＿＿＿＿＿＿

校外指导老师：＿＿＿＿＿＿＿＿

年级专业：＿＿＿＿＿＿＿＿＿＿

2022 年 5 月

目 录

××物流公司仓储管理优化方案设计

1 毕业设计背景

湖南××物流公司位于湖南省长沙市开福区沙坪街道××路××号，长沙传化公路港×期物流配载中心 A、B 栋××套区域××室，经营范围包括物流代理服务、物流园运营服务、国内货运代理、仓储代理服务、普通货物运输、大型物件运输、开展成员所需的运输服务、搬家运输服务、装卸搬运（砂石除外）、货物仓储等依法批准开展的经营活动。

2 ××物流公司仓储管理现状及存在的问题

2.1 ××物流公司仓储管理现状

2.1.1 仓储布局现状

××物流仓库的大体布局可以分为进货区、分拣区、加工包装区、存储区以及出货区和办公区（见图 1 所示）。通常到货后由工作人员接货，然后分拣区完成货物分拣，按照货物的存储条件要求及客户要求的送货时间对货物安排货位或者储位，进行入库存储。对于要出库的货物按照出库单核对货物数据，然后对于需要加工包装的货物搬运到加工包装区进行加工包装。张贴发货单据进行发货作业。目前，仓储整体面积为 600 平方米，有效利用面积 438 平方米，有效利用率为 73%，如表 1 所示。

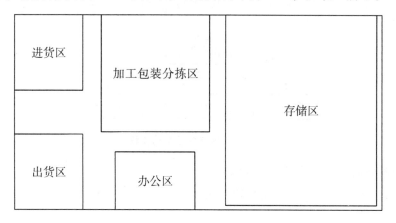

图 1　××物流仓储布局

表 1　仓库各区域使用面积　　　　　　　　　　单位：平方米

区域	进货区	出货区	加工包装分拣区	办公区	存储区
面积/平方米	39.6	40.9	98.1	35.46	223.94

2.1.2 储位管理现状

××物流仓库储存的货物种类主要是日用百货、小型家电、母婴用品、生鲜产品、休闲食品、蔬菜副食、酒水等，目前储位布置主要与货物对存储条件的要求以及库存周转速度有关，如将蔬菜放在阴凉通风的地方，生鲜产品需要冷藏或冷冻处理。但对于那些对储存条件要求较低的货物目前没有固定的储位，甚至由于仓库布局的限制将同种商品放在分开的一个或多个储位上，造成货物出库时需要耗费较多的时间去查找货物，有时甚至会造成虚假缺货。

2.1.3 仓储作业现状

目前××物流公司的仓储活动主要涉及入库作业、在库作业和出库作业，如图2所示。其中，入库作业的工作内容主要有卸货作业、入库验收、搬运上架等；在库作业的工作内容主要有货物储存、货物移位、货物盘点等；出库作业的工作内容主要有包装、搬运以及出库运输等。但是，目前××物流公司仓库虽有简单的区位划分，但区位划分不够明确，所以在日常作业中并不能保证各个作业环节的作业任务在对应的作业区内完成，这就显得××物流公司的仓储作业比较混乱。有时赶上多家下游商家同时要货，整个仓库就会显得十分混乱，甚至有时会发错货物。

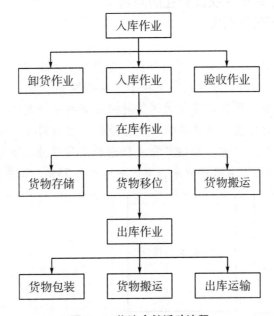

图2 ××物流仓储活动流程

2.2 ××物流公司在仓储管理上存在的问题

2.2.1 仓储布局不合理，缺少货物暂存区

××物流公司仓库区位划分中缺少货物暂存区，刚到达仓库的货物或者退回没有安排区位或储位的就没有地方安排，在这种情况下就会放置在正常的储存区占用正常的储位甚至随意存放甚至放在通道上，造成仓库整体布局的混乱，影响正常的仓储运营作业。

2.2.2 储位管理不到位

××物流公司仓库储位设置不合理，储位利用率不高，储位编码标示不清楚，货物经常不按照系统安排的储位完成入库，所以当需要出库作业时不能按照系统显示的储位编码到对应储位拿货，反而可能需要较长的时间去查货找货。

2.2.3 仓储活动混乱

××物流公司仓储管理作业相关工作人员的职责划分不明确，有时会出现在货物交接中交接中间的任务没人去做的现象。因为虽说××物流公司仓储管理人员是按照"基本工资+绩效"的模式给仓储管理人员发工资的，但员工的意识大多停留在做好自己本职工作层面上，对于没有具体划分到部门或个人的工作常常就会没人管顾，从而影响整个仓储流程的效率，甚至有时还会因作业交接环节的工作对接不够全面具体而引起工作的失误。

2.2.4 缺少与供应商的合作与管理机制

××物流公司在整个供应链中还没有形成较为成熟的体系，它与其他企业的关系仅仅停留在商品的流通上，并没有形成真正意义上坚不可摧的合作伙伴关系。通常交易双方只是紧紧盯着自身利益，不愿意与其他企业共同成长、受益，缺乏透明的机制，更没有过多的沟通和互相之间的信任，进而使得高度依赖信任机制的供应链整体效率较低。

××物流公司希望在产品流通过程中更多地占用上下游供应商拥有的资源，这样就导致了一个恶性循环，在使自己的库存成本提升的同时也增加了上游供应商的压力。因为多数供应商的销售部门通常是根据销售产品的数量来决定销售业绩，所以为了提升销售业绩，这些部门的工作人员往往希望××物流公司能够有更多的订单，以高于其需求量的方式进行配送，使得很多产品积压在公司仓库内，周转率迟迟不得提升，而成本却与日俱增，下游企业采取的少量多次的进货方式也使得××物流公司的压力倍增。产生这些问题，追根溯源还是在于缺乏有效沟通，如果能够提前对利益分配、货品管理机制等问题进行合理的协商，这些问题在一定程度上是可以避免的。

3 ××物流公司仓储管理优化设计

3.1 ××物流公司仓储布局的优化

××物流公司仓储应增设货物暂存区、残品区以及消防通道（见图3）。其中，货物暂存区用以存放没有固定货位或储位的货物，避免此类货物随意堆放而影响整体的仓储布局和各个环节的作业效率。残品区用于存放退回货物或仓储作业环节中因工作失误而造成货品损伤的货物。目前××物流公司仓库没有消防通道，只是简单地摆放了一些消防器材，因此，为人员及货物安全考虑应增设安全通道。此外，将出货区移动到与进货区相对应另一面，满足货物在仓库作业的直线性原则。将加工包装区设置在靠近出货区的门口，且将出货区设置在加工包装区的两侧，这样出货时可以在两边同时装车，加快装车速度。将分拣区设置在靠近进货区的门口处，货物到货时就可在门口完成分拣作业，减少对货物的搬运。同时，像出货区一样将进货区设置在分拣区两侧，以方便分拣后的搬运作业。优化后的仓库各区域使用面积如表2所示。

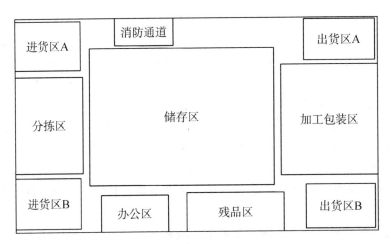

图3　优化后的××物流公司仓储布局

表2　优化后的仓库各区域使用面积

区域	消防通道	进货区A	进货区B	分拣区	存储区
面积/平方米	10	25.48	25.48	52.23	197.18
区域	加工包装区	出货区A	出货区B	办公区	残品区
面积/平方米	84.72	22.9	23.56	19.11	29.9

3.2　加强储位管理

　　××物流公司仓储的主要职能是提供对商品的暂时存储和周转配送服务。目前××物流公司仓库面积约600平方米，储存物资品类相对齐全，主要有日用百货、小型家电、母婴用品、生鲜产品、休闲食品、蔬菜副食、酒水等。为了方便对仓储的管理，根据所储存的货品种类将仓库分为相应的几个区域，即百货区、家电区、母婴用品区、生鲜、休闲食品区、蔬菜区以及酒水区。并根据划分的这几个区域采用ABC分类法对货位进行管理。将酒水和母婴用品归为A类，将小家电、生鲜以及蔬菜归为B类，将百货及休闲食品归为C类，并按照ABC分类法的管理原则对货物进行仓储管理作业。具体如表3所示。

表3　加强储位管理ABC分类

序号	名称	出库量/箱	所占比率/%		累计所占比率/%		ABC分类
			物动量	品目	物动量	品目	
1	酒水	455	24.986 271 28	14.285 714 29	24.986 271 28	14.285 714 29	A
2	母婴用品	320	17.572 762 22	14.285 714 29	42.559 033 5	28.571 428 57	A
3	小家电	289	15.870 400 88	14.285 714 29	58.429 434 38	42.857 142 86	B
4	生鲜	277	15.211 422 3	14.285 714 29	73.640 856 67	57.142 857 14	B
5	蔬菜	210	11.532 125 21	14.285 714 29	85.172 981 88	71.428 571 43	B

表3(续)

序号	名称	出库量/箱	所占比率/%		累计所占比率/%		ABC分类
			物动量	品目	物动量	品目	
6	百货	180	9.884 678 748	14.285 714 29	95.057 660 63	85.714 285 71	C
7	休闲食品	90	4.942 339 374	14.285 714 29	100	100	
总计		1 821					

3.3　仓储活动规范化

××物流公司仓储活动的基本原则见表4。

表4　××物流公司仓储活动的基本原则

等级	基本原则
A	必须按照货物属性及所属类别进行分级分类储存
B	在库货物必须按照××物流公司安排的货位储位进行储存，货物不能占用其他货物的货位储位，也不能在本储位发现应放在其他储位的货品
C	××物流公司仓储货物出库要注意满足先进先出原则，当客户发起需求订单时要注意给客户配备先进的货物，以保证食品类在库物品的新鲜程度
D	消防通道禁止摆放任何货物，任何人不得以任何理由占用消防通道，以保证万一发生灾难能够最大限度地减少损失
E	安排仓库工作人员定期对仓库卫生进行清洁，以保证人员的正常工作和身心健康

3.4　建立与供应商的合作机制

为提升企业利润和经营效率，可以成立一个专门负责管理供应商各项事务的管理小组，形成一套管理体系。××物流公司有多家供应商。将供应商按照供应产品类型划分，可以分为三大类（见图4）。第一种主要为公司提供成品，成为成品供应商；第二种主要为企业提供半成品，成为中间制造商；第三类仅提供原材料，成为原料供应商。所以，制剂供应商的管理为该小组的重点。

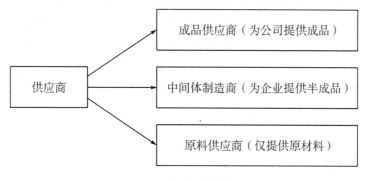

图4　供应商类型

在管理供应商时，应该对市场资源的容量、供应商的议价能力、同一供应链上的供应商的各自情况做好调查，为选择合适的厂商做足功课，争取一次成功，降低选择成本。

公司应选择合适并落实合适的激励方法对供应商进行激励，这种方式可以让双方长期维持良好的合作关系。××物流公司应该从多方面多维度对合作伙伴进行激励，保证持续发展的供应关系。在与供应商合作过程中，在给予激励的同时还要科学地控制，必要的时候及时采取恰当的处理措施，从而避免给公司造成损失。

4　优化前后效果对比

××物流公司仓储管理优化后较之前有较大的改善，仓储布局较之前有了较大的调整，调整后的作业流程能够有效地节省作业时间，如拿商品的入库作业来说，同批商品的入库作业时间与之前相比将近节省了30分钟的时间，出库装车作业前的打包搬运装车作业流程也较之前节省40分钟作业时间。而且优化后的仓储布局使得××物流公司仓库面积的有效利用率提高了8.76个百分点。货位管理也更加规范化，通过给货物安排明确的储位，当工作人员需要找货时按照系统提示的货位编码就可以顺利找到货物，每天较之前节省了近40分钟的原来查货找货的时间。仓储管理更加标准化、规范化。优化后仓库有效利用面积为490.56平方米，有效利用率为81.76%（见表5）。

表5　优化前后效果对比

	入库作业时间/分钟	出库作业时间/分钟	仓储面积有效利用率/%
优化前	90	120	73
优化后	60	80	81.76

5　小结

本设计以××物流仓储管理的现状为例，发现了××物流在仓储管理方面存在的一些问题，并根据其存在的问题提出了优化仓储布局、加强储位管理、规范仓储活动以及加强与供应商的合作等相关的具体改善对策，最后对优化前后的效果进行对比，说明优化建议的可行之处。

参考文献

[1] 张梦霞，沈惠. S公司仓储布局优化研究 [J]. 中国储运，2021（10）：161-162.

[2] 吴海军. 对物流仓储管理机制优化策略的分析 [J]. 营销界，2019（13）：37-38.

[3] 秀武，王施权. 探讨ABC分类法在企业库存管理的应用 [J]. 王石化技术，2019（11）：65-67.

·168·
高职毕业设计指导手册（财经商贸类）

示例3 ××百货连锁超市配送管理优化设计

湖南环境生物职业技术学院毕业设计任务书

选题名称	××百货连锁超市配送管理优化设计				
学生姓名	×××	学号	×××	专业班级	×××
指导教师	校内	×××	职称	×××	
	校外	×××	职称	×××	
起止时间	2020 年 11 月 1 日—2021 年 6 月 1 日				
目的	结合在××百货连锁超市实习期间发现在配送过程中存在的一系列问题，运用所学专业知识，有针对性地进行××百货连锁超市配送管理优化设计，从而减少和消除一些在配送过程中的不合理现象如路径规划、动力选择不正确，为企业节约配送成本。并在整个毕业设计过程中提升自己发现问题、分析问题并运用专业知识解决问题的能力				
任务	1. 调研：目前××百货连锁超市配送现状是送货路径没有规划。 2. 考察：对××百货连锁超市配送中存在的一系列问题进行统计，运用所学知识，制订相应解决方案。 3. 方案设计：根据××百货连锁超市配送现状存在着的问题，而设计优化货物配送路径、配送路径运力、制订校企人才培养计划				
实施步骤	1. 选题：根据本人在××百货连锁超市实习期间发现在配送流程中存在的一系列问题，与指导老师商议确定选题。 2. 收集资料：查阅相关理论文献资料，收集调研公司与毕业设计相关的业务资料。 3. 撰写毕业设计：按计划完成毕业设计初稿、3 次修改稿、定稿等撰写工作。 4. 毕业设计答辩：提交毕业设计答辩申请，完成答辩系列工作				
主要方法	调研法、实地考察法				
进度安排	1. 选题阶段（2020 年 11 月 1 日—2020 年 12 月 31 日）：确定选题，撰写毕业设计任务书。 2. 调研阶段（2021 年 1 月 1 日—2021 年 2 月 28 日）：完成企业现场调研和文献查阅、资料收集整理工作。 3. 写作阶段（2021 年 3 月 1 日—2021 年 5 月 20 日）：撰写毕业设计作品初稿、二稿及定稿。 4. 成果整理及答辩阶段（2021 年 5 月 21 日—2021 年 6 月 1 日）：整理毕业设计成果资料，完成毕业设计答辩				
成果表现形式	□产品设计　　□工艺设计　　☑方案设计				
参考文献	[1] 郭秀红. 供应链管理环境下的晋陕豫黄河金三角民营中小企业物流管理研究 [J]. 三门峡职业技术学院学报，2018（2）：45. [2] 王凌峰，陈玉平. 中国航空物流未来发展与改革方向 [J]. 空运商务，2018（6）：23. [3] 田睿. 供应链管理模式下物流企业发展存在的问题与对策 [J]. 农村经济与科技，2020，31（8）：83-84. [4] 李路其. 信息化条件下的医院物流管理 [J]. 经济师，2018（7）：33. [5] 刘敏. 电子商务背景下物流管理创新改革探析 [J]. 商场现代化，2018（11）：14-15.				

指导教师 意见	 指导教师（签名）： 年　月　日
教研室 审查意见	 教研室主任（签名）： 年　月　日
二级学院 意见	 负责人（签名）：　　　　　　（公章） 年　月　日

注：1. 该表作为下达毕业设计任务的依据，由指导老师指导学生填写，经所在教研室讨论，二级学院负责人签名后生效；2. 此表一式二份，一份二级学院存档，一份教研室存档；3. 签名、盖章后的电子档上传。

湖南环境生物职业技术学院

毕业设计

××百货连锁超市配送管理优化设计

院　　系：＿＿＿＿商学院＿＿＿＿

学生姓名：＿＿＿＿＿＿＿＿＿＿

校内指导老师：＿＿＿＿＿＿＿＿

校外指导老师：＿＿＿＿＿＿＿＿

年级专业：＿＿＿＿＿＿＿＿＿＿

2021 年 5 月

目　录

××百货连锁超市配送管理优化设计

1 毕业设计背景

目前，传统零售物流市场主要是向外直接开放，但是本土化的"生源百货"这类零售连锁物流超市在传统物流配送上仍然存在一系列的问题，物流配送路线规划不合理，车辆安排不当，经常出现二次装卸货物，致使货物破损率较高，配送人员工作效率低，配送路径不合理，使物流配送变得越来越复杂，成本也随之升高。

本人 2020 年 9 月在××百货连锁超市进行 8 个月的实习，在实习过程中对超市配送中心作业进行观察与分析，详细说明了物流配送过程中存在的问题以及优化方案。××百货连锁超市想要发展连锁经营亟待解决的重点问题，在于如何提高车辆利用率，降低物流成本，提高配送人员效率，从而提高企业经济利益。

2 ××百货连锁超市物流配送现状及问题分析

2.1 ××百货连锁超市物流配送现状

××百货连锁超市于 1998 年 12 月落户郴州并正式投入营业，历经 23 年磨砺。××百货连锁超市经过不断地开拓奋进，在发展中逐步开创了一片灿烂天地，现已成为湘南区域内较有代表性和影响力的区域连锁商业企业，现拥有 10 家分店，分别是五岭广场店、蒙泉路店、国庆北路店、飞虹路店、文明南路店、湖中城市广场店、安仁三店、万华路店、干劲路店、鸿都尚城店，拥有员工数千余人，各类运营车辆 10 余辆，有着自己的仓储配送中心，各类商品均是由内部车辆从物流中心直接配送。

表 1 为××百货连锁超市各网点代号。

表 1　××百货连锁超市各网点代号

序号	各分店名称	简写代号
1	五岭广场店	A
2	蒙泉路店	B
3	国庆北路店	C
4	飞虹路店	D
5	文明南路店	E
6	湘中城市广场店	F
7	安仁三店	G
8	万华路店	H
9	干劲路店	I
10	鸿都尚城店	J

2.2 ××百货连锁超市物流配送存在的问题

2.2.1 配送路线里程未达最短

目前，配送中心备有 2 吨和 4 吨载重量的汽车可供使用，配送中心要求配送车辆一次巡回里程不超过 40 千米。但是，在实际情况中（如图 1 所示），配送线路没有提前进行规划，司机配送货物的方法通常都是按照他们自己的意愿配送，只需要货物送达超市，这难免会有绕路现象，存在很多不合理的配送路线。此外，还存在车辆选择不恰当的问题，这浪费了大量的运输资源，耗费大量人力、物力，导致配送效率低、送货不及时。

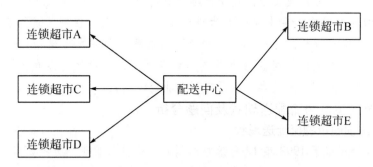

图 1　配送中心流程

2.2.2 运力不够最优

配送车辆在满载情况下，每多一千米的路程就多一千米的油耗，这些费用长年累月积累下来也是一笔不小的开销，通过节约里程我们可以得出最优路线。

同一条配送线路，因配送方向的不同，运力也不相同。在实际配送中往往不会计算运力，而是随机方向的配送，导致了运力的浪费。

××百货连锁超市实际配送简化路线如图 2 所示。通过图 2 可以得出两条线路，其路线运力情况如表 2 所示。

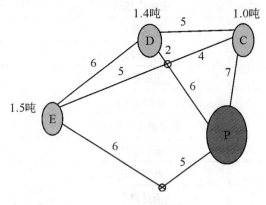

图 2　配送路线

表2　运力计算

线路一：P-C-D-E-P
运力：（0.4+1+0.5）×7+（0.4+0.5）×5+0.5×6＝20.8（吨公里）
线路二：P-E-D-C-P
运力：（0.4+1+0.5）×11+（1+0.4）×6+1.0×5＝34.3（吨公里）

通过计算路线运力可知，路线一的运力为20.8吨公里，路线二的运力为34.3吨公里。经调查，××百货连锁超市实际配送中往往没有进行运力的计算，导致出现路线二的运力浪费的问题。

2.2.3　配送服务人才欠缺

××百货连锁超市引进物流配送人才较少，组织物流方面的学习也不到位，以及管理高层对物流配送的重视度不够。××百货连锁超市配送中心目前拥有基层操作员工百余名，从业人员具有大学及以上学历的仅占10%，大部分从业人员文化水平较低，不懂得相关方面的专业知识，不能够熟练地使用相关配送信息系统。

3　××百货连锁超市配送管理优化策略

3.1　优化货物配送路径

路径优化是一种可以用来提高和满足社会经济效益的有效方法与手段，用来减少和消除一些不合理的交通运输，如空驶、对流、动力选择不正确等现象，是对自然资源的一种浪费。

节约里程法的原理如图3所示，设S为配送中心，X和Y为客户所在网点，配送中心S送到X网点与Y网点的距离分别为x、y，X和Y两个网点之间的距离为z。现得出有两种配送货物的方案，第一种为配送中心S向X网点与Y网点进行一对一送货，第二种方案为配送中心向X网点与Y网点同时进行配送货物。通过对这两种方案进行比较，可以得出，第一种方案的配送中心路线为：S-X-S-Y-S，配送距离为：2x+2y；第二种方案的配送中心路线为：S-X-Y-S，配送距离为：x+y+z。由此可知节约里程量为：x+y-z。

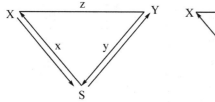

图3　节约里程示例

基于节约里程法原理，在配送过程中尽量减少空驶，使运输车辆载满，尽量节约配送时间和配送里程量以及运力。具体操作过程如下：

（1）找出各个网点之间的最短里程（见表3）。

第七章　现代物流管理专业毕业设计示例

表 3　最短里程表

	S	A	B	C	D	E	F	G	H	I	J
A	10	A									
B	9	4	B								
C	7	9	5	C							
D	8	14	10	5	D						
E	11	18	14	9	6	E					
F	8	18	17	15	13	7	F				
G	3	13	12	10	11	10	6	G			
H	4	14	13	11	12	12	8	2	H		
I	10	11	15	17	18	21	17	11	9	I	
J	18	9	13	18	23	27	25	19	17	8	J

（2）进行节约里程的计算。两个网点分别到配送中心的最短里程之和，再减去两个配送点之间的距离，就可得出节约里程（见表4）。

表 4　节约里程表

	S	A	B	C	D	E	F	G	H	I	J
A	10	A									
B	9	15	B								
C	7	8	11	C							
D	8	4	7	10	D						
E	11	3	6	9	13	E					
F	8	0	0	0	3	12	F				
G	3	0	0	0	0	4	5	G			
H	4	0	0	0	0	3	4	5	H		
I	10	9	4	0	0	0	1	2	5	I	
J	18	19	14	7	3	2	1	2	5	20	J

（3）对操作步骤（2）算出来的节约里程进行降序排序见表5。

表 5　节约里程排序

序号	路线	节约里程	序号	路线	节约里程
1	IJ	20	17	HI	5
2	AJ	19	18	HJ	5
3	AB	15	19	AD	4
4	BJ	14	20	BI	4
5	DE	13	21	EG	4
6	EF	12	22	FH	4
7	BC	11	23	AE	3
8	CD	10	24	DF	3
9	AI	9	25	DJ	3
10	CE	9	26	EH	3

表5(续)

序号	路线	节约里程	序号	路线	节约里程
11	AC	8	27	EJ	2
12	BD	7	28	GI	2
13	CJ	7	29	GJ	2
14	BE	6	30	FI	1
15	FG	5	31	FJ	1
16	GH	5			

（4）在配送车辆不超载、满足配送需求量大小等限制等条件下，根据操作步骤（3）所得的节约里程排序进行各网点的连线，得到所需车型和行驶路线，得出最优方案（见表6）。

表6　最优线路

线路一：P-I-J-A-B-P
用4吨的车型，装载3.9吨货物，行驶40千米，节约54千米
线路二：P-C-D-E-P
用2吨的车型，装载1.9吨货物，行驶29千米，节约23千米
线路三：P-F-G-H-P
用2吨的车型，装载1.9吨货物，行驶20千米，节约10千米

（5）计算运力，得出是顺时针还是逆时针配送更节约油费，见表7。

表7　运力计算

线路一：P-I-J-A-B-P
运力：（0.6+1.6+0.2+1.5）×10+（0.2+1.5+1.6）×8+（0.2+1.5）×9+1.5×4＝86.7（吨公里）
线路二：P-B-A-J-I-P
运力：（0.6+1.6+0.2+1.5）×9+（0.2+1.6+0.6）×4+（0.6+1.9）×9+0.6×8＝72（吨公里）

如图4所示，××百货连锁超市配送中心（S）于某日需要以下10家连锁超市配送货物，分别为五岭广场店（A）、蒙泉路店（B）、国庆北路店（C）、飞虹路店（D）、文明南路店（E）、湘中城市广场店（F）、安仁三店（G）、万华路店（H）、干劲路店（I）、鸿都尚城店（J）。图4中各网点连线上的数字表示路程（千米），靠近各网点括号内的数字表示此次需要配送货物的重量（吨）。该配送中心有2吨和4吨两种载重量的汽车车型可供使用，要求配送车辆一次来回里程不超过40千米。可用节约里程法制订最优的配送方案。

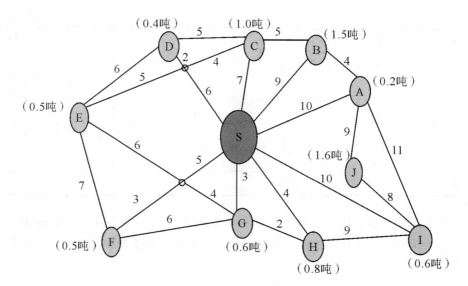

图4 ××百货连锁超市某日配送

通过节约里程法配送货物得出最优线路如表6所示，此次配送共节约里程87（54+23+10）千米。

3.2 优化配送路径运力

根据表6的最优线路表，计算三条线路的运力：

（1）五岭广场店（A）、蒙泉路店（B）、干劲路店（I）、鸿都尚城店（J）可选线路有线路一、线路二。由表7可知，线路二的运力较小。

（2）国庆北路店（C）、飞虹路店（D）、文明南路店（E）可选线路有线路三、线路四。由表8可知，线路三的运力较小。

表8 运力计算

线路三：P-C-D-E-P
运力：（0.4+1+0.5）×7+（0.4+0.5）×5+0.5×6=20.8（吨公里）
线路四：P-E-D-C-P
运力：（0.4+1+0.5）×11+（1+0.4）×6+1.0×5=34.3（吨公里）

（3）湘中城市广场店（F）、安仁三店（G）、万华路店（H）可选线路有线路五、线路六。由表9可知，线路六的运力较小。

表9 运力计算

线路五：P-F-G-H-P
运力：（0.5+0.6+0.8）×8+（0.6+0.8）×6+0.8×2=25.2（吨公里）
线路六：P-H-G-F-P
运力：（0.5+0.6+0.8）×4+（0.6+0.5）×2+0.5×6=12.8（吨公里）

此次配送通过计算得出最优路线，共节省运力40.6吨公里。

3.3 制订校企人才培养计划

郴州市湘南学院、郴州职业技术学院等高校开设了物流管理专业，企业可与这些高校开展顶岗实习、校外实训、现代学徒制等校企合作项目，向学校提供技术、设备或资金的支持，承担人才的培养任务，为学生提高操作技能、实践动手能力和专业技术应用能力，为大学生就业提供更多的岗位，为企业培养人才。

4 小结

本毕业设计是本人在××百货连锁超市实习期间发现配送过程的一系列问题，如配送路线里程未达最短、运力不够最优、配送服务人才欠缺等问题，导致的配送效率低、资源浪费严重等问题。结合公司现有的配送情况，有针对性地设计了××百货连锁超市配送设计。

该配送优化方案尚处于理论阶段，其配送优化效果还有待在实际运用中检验，并对该配送优化管理优化方案进行不断完善。

参考文献

[1] 郭秀红. 供应链管理环境下的晋陕豫黄河金三角民营中小企业物流管理研究 [J]. 三门峡职业技术学院学报，2018（2）：45.

[2] 王凌峰，陈玉平. 中国航空物流未来发展与改革方向 [J]. 空运商务，2018（6）：23.

[3] 田睿. 供应链管理模式下物流企业发展存在的问题与对策 [J]. 农村经济与科技，2020，31（8）：83-84.

[4] 李路其. 信息化条件下的医院物流管理 [J]. 经济师，2018（7）：33.

[5] 刘敏. 电子商务背景下物流管理创新改革探析 [J]. 商场现代化，2018（11）：14-15.

示例4 ×××中通快运有限公司客服部岗位职责优化方案

湖南环境生物职业技术学院毕业设计任务书

选题名称	×××中通快运有限公司客服部岗位职责优化方案			
学生姓名	×××	学号	×××	专业班级 ×××
指导教师	校内	×××	职称	×××
	校外	×××	职称	×××
起止时间	2021 年 11 月 1 日—2022 年 6 月 1 日			
目的	在×××中通快运有限公司客服部实习期间，发现客服部的岗位细分不够、职责分工不明确等问题，在实地调研的基础上，运用所学的知识和技能有针对性地对×××中通快运有限公司客服部的岗位职责按照工作内容进行设计，并通过整个毕业设计提升自己发现问题、分析问题并运用专业知识解决问题的能力			
任务	1. 调研：对×××中通快运有限公司客服部日常工作的内容进行调研。 2. 考察：对×××中通快运有限公司客服部的岗位职责划分所存在的问题进行考察，在此基础上对客服部岗位职责按工作内容进行划分。 3. 方案设计：基于×××中通快运有限公司客服部工作内容分为三个方面，拟定从这三个方面细分岗位职责：客户管理、客户发货相关工作、接线工作			
实施步骤	1. 选题：根据本人在×××中通快运有限公司发现的系列问题，与指导老师商议确定选题。 2. 收集资料：查阅相关理论文献资料，收集调研公司与毕业设计相关的业务资料。 3. 撰写毕业设计：按计划完成毕业设计初稿、3 次修改稿、定稿等撰写工作。 4. 毕业设计答辩：提交毕业设计答辩申请，完成答辩系列工作			
主要方法	调研法、实地考察法			
进度安排	1. 选题阶段（2021 年 11 月 1 日—2021 年 12 月 31 日）：确定选题，撰写毕业设计任务书。 2. 调研阶段（2022 年 1 月 1 日—2022 年 2 月 28 日）：完成企业现场调研和文献查阅、资料收集整理工作。 3. 写作阶段（2022 年 3 月 1 日—2022 年 5 月 20 日）：撰写毕业设计作品初稿、二稿及定稿。 4. 成果整理及答辩阶段（2022 年 5 月 21 日—2022 年 6 月 1 日）：整理毕业设计成果资料，完成毕业设计答辩			
成果表现形式	□产品设计　□工艺设计　☑方案设计			
参考文献	[1] 罗想. 中小第三方物流公司客户分类管理问题与对策：以武汉 DD 公司为例 [J]. 武汉冶金管理干部学院学报，2021，31（2）：25-27. [2] 吴金花. 京华工程公司组织与岗位职责设计研究 [D]. 北京：华北电力大学，2018（3）：50-60 [3] 胡翠华. 中小型企业生产物流岗位职责及对人才的需求分析 [J]. 物流工程与管理，2018，40（11）：57-58.			

指导教师意见	指导教师（签名）： 年 月 日
教研室审查意见	教研室主任（签名）： 年 月 日
二级学院意见	负责人（签名）：　　　　（公章） 年 月 日

注：1. 该表作为下达毕业设计任务的依据，由指导老师指导学生填写，经所在教研室讨论，二级学院负责人签名后生效；2. 此表一式二份，一份二级学院存档，一份教研室存档；3. 签名、盖章后的电子档上传。

湖南环境生物职业技术学院

毕业设计

×××中通快运有限公司客服部岗位职责优化方案

院　　系：　　商学院　　

学生姓名：　　　　　　　　

校内指导老师：　　　　　　

校外指导老师：　　　　　　

年级专业：　　　　　　　　

2022 年 5 月

目　录

第七章　现代物流管理专业毕业设计示例

×××中通快运有限公司客服部岗位职责优化方案

1 毕业设计背景

    ×××中通快运有限公司成立于 2016 年 11 月 17 日，是中通旗下快运分公司，聚焦于数智物流新趋势，提供面向企业及个人客户的全链路一站式物流服务。×××中通快运有限公司通过布局全国的仓储物流枢纽和末端加盟网络，围绕物联网、大数据、云计算、人工智能，积极探寻物流业与制造业、服务业融合发展的模式，为客户制订一体化物流解决方案，致力于搭建"科技引领、数据支撑、人才保证、智慧运营"的综合型物流服务平台。

    2021 年 11 月，本人入职×××中通快运有限公司的客服部，成为昆山三部网点的客服。本人的日常工作如下：接听来电；打印每日派送货物的签收联，回复并处理各个网点的问题件，处理投诉工单并联系相关业务员进行工单处理。处理货物运输期间的一切问题，同时对接相关客户为客户解答，比如收货地是否能进行配送、货物发现破损后的与赔偿相关的事情。

2 ×××中通快运有限公司客服部工作流程及岗位职责现状

2.1 ×××中通快运有限公司客服部工作流程分析

    ×××中通快运有限公司客服部主要的工作是接听电话，解决客户的要求，目前具体的接听电话流程如图 1 所示。

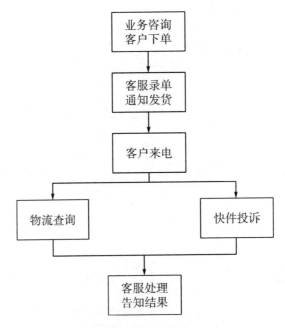

图 1　客服部工作流程

    图 1 是网点的客服日常接听电话的工作流程，一般客户会打电话联系本人询问价格，若有意向便会留下联系方式，将货物的相关信息发送给客服，交给客服进行制单，制单完成后客服便会通知业务员进行取货然后发出。货物在途或到货时收件人或发货

人会打电话联系客服询问物流情况进行催件或者投诉，而客服需要做的就是处理这些问题并将处理后的结果告知客户。

2.2 ×××中通快运有限公司客服部职责划分现状

目前，×××中通快运有限公司客服部的岗位是按照职位进行划分的，分为客服主管和客服专员两个岗位。这两类岗位的职责如表1所示。

表 1　客服部岗位及职责

序号	岗位名称	职责
1	客服主管	1. 考勤，值班安排，日常数据汇总； 2. 员工培训； 3. 受理来电或在线等业务咨询，对接客户，异常件处理，录单，客户投诉处理
2	客服专员	1. 受理来电或在线等业务咨询，对接客户，异常件处理，录单，客户投诉处理； 2. 日常问题件回复及发出； 3. 货物签收联打印、到件扫描

3　×××中通快运有限公司客服部职责划分问题分析

3.1　客服部存在的问题

结合本人在昆山三部网点从事客服工作期间的实践，发现客服部在工作中主要存在以下问题：

（1）问题处理不及时甚至没人处理，影响工作效率；

（2）同一个问题好几个人同时处理或者同一件事要经过好几个人最后需要问多个人才可以知道事情结果，既费时又费力；

（3）公司客户没有固定的客服进行一对一的服务，导致客户有问题不能及时回复。

3.2　问题形成的原因分析

（1）工作分工不够明确、不够细致。比如同一件事情分配了好几个客服同时做，而另外一些事情没有相应的责任人，导致多人操作一件事时出现分歧，不同客服给客户给予的答复不一致，而有些被客户反映或投诉了多次的事情却依旧没有得到合理解决。

（2）客服对接客户分工不细致，基本上是每一个客服需要对接公司所有客户，并没有对客户进行细致的划分，从而导致服务质量不高，工作效率较低。

（3）岗位职责分工不明，比如客服主管和客服专员的工作内容基本一致，体现不出管理与被管理的关系，客户服务工作的监督管理工作及质量也就无从保障。

4　×××中通快运有限公司客服部岗位职责优化

为了帮助×××中通快运有限公司客服部有效地解决这些问题，本人根据公司客服部相关工作流程，有针对性地制订了×××中通快运有限公司客服部岗位职责优化方案。

根据×××中通快运有限公司客服部存在的以上问题，把客户部的工作分为客户管理、客户发货、接线工作三个岗位，并针对相关工作设置对应的岗位职责。

4.1　客户管理相关岗位职责优化

×××中通快运有限公司的客户应该按照 ABC 分类法进行分类，将客户按照该分类法分类后可以合理分配公司资源节省成本和实现利润最大化。客户分级管理如表2所示。

表2　客户分级管理

类别	分类标准	负责人
A类（关键客户）	公司的核心客户，一般占公司客户总数的20%，公司80%的利润靠他们提供	客服主管
B类（普通客户）	一般占公司客户总数的30%，除关键客户外创造最大价值的前50%	客服专员
C类（小客户）	一般占公司客户总数的50%，创造的价值较低	

4.2　客户发货相关岗位职责优化

×××中通快运有限公司客服部客户发货的工作流程包括接受发货指令、异常货物处理、跟踪货物、到货通知、客户回访。其具体工作流程如图2所示。

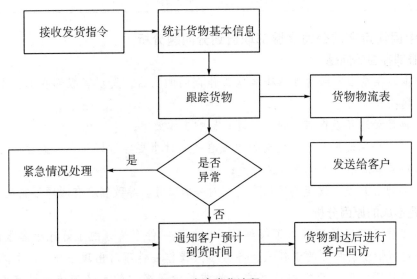

图2　客户发货流程

根据客户部的客户发货工作流程，设置相应的岗位职责如表3所示。

表3　客户发货流程岗位优化

工作环节	具体职责	岗位负责人
接到发货指令	1. 核实货物是否合乎运输要求。 2. 是否在提货范围内，是否需要加收提货费。 3. 检查完后，需要打电话给客户核对信息，并就检查出来的需要变动项目加以沟通	客服主管
跟踪货物	1. 统计货物信息，编制货物物流表。 2. 处理货物异常情况	客服专员

表3(续)

工作环节	具体职责	岗位负责人
客户回访	货物到货后进行客户回访，了解客户满意程度，并认真记录是否可以成为大客户	客服主管

4.3 接线工作相关岗位职责优化

×××中通快运有限公司客服部接线的工作流程包括客户来电、询问原因、解决问题、通话结束。客服部接线工作流程如图3所示。

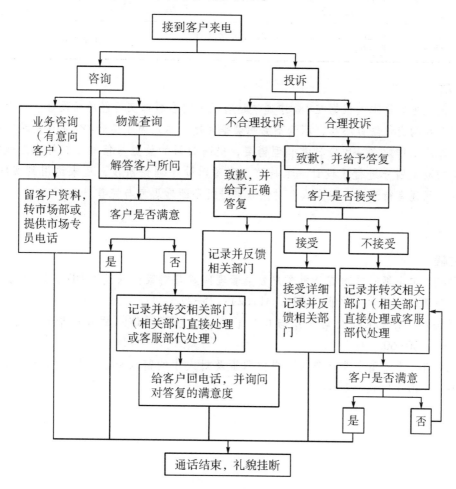

图3 客服部接线工作流程

根据上述客户部的接线工作流程，设置相应的岗位职责（见表4）。

表4　接线工作岗位优化

工作环节	具体职责	岗位负责人
客户来电	接听客户电话，了解客户需求	客服专员
解决问题	1. 解决一般的物流查询，快件催件。 2. 业务咨询（若有意向合作，留客户资料转市场部或提供市场部专员的联系电话）。 3. 客户投诉（解决不了的客户投诉应及时告知上级）	客服主管、客服专员
客户回电	告知问题处理结果，并询问问题处理满意度	客服专员

5　小结

本优化方案是本人根据在×××中通快运有限公司客服部实习经历而设计。针对公司客服部存在的岗位细分不够、职责不够明确等问题，本人为了提升×××中通快运有限公司客服部的工作效率，适应日常管理需要，提高公司的效益与信誉，有针对性地对现有岗位的职责划分进行了设计。但是该方案暂时处于理论阶段，还未运用到实践中，因此其效果还有待考证，但本人会对该方案进行不断地思考与完善。

参考文献

[1] 罗想. 中小第三方物流公司客户分类管理问题与对策：以武汉DD公司为例 [J]. 武汉冶金管理干部学院学报，2021，31（2）：25-27.

[2] 吴金花. 京华工程公司组织与岗位职责设计研究 [D]. 保定：华北电力大学，2018（3）：50-60.

[3] 胡翠华. 中小型企业生产物流岗位职责及对人才的需求分析 [J]. 物流工程与管理，2018，40（11）：57-58.

金融科技应用专业毕业设计示例

示例 1 ××银行常胜路支行五一沙龙活动方案设计

湖南环境生物职业技术学院毕业设计任务书

选题名称	××银行常胜路支行五一沙龙活动方案设计				
学生姓名	×××	学号	×××	专业班级	213 金融科技应用 1 班
指导教师	校内	×××		职称	×××
	校外	×××		职务	×××
起止时间	2023 年 11 月 1 日—2024 年 6 月 1 日				
目的	结合顶岗实习单位情况及实习岗位实践，运用校内所学专业知识，制订××银行常胜路支行五一沙龙活动方案，以提升门店业务成交率和客户满意度，完成毕业设计方案的撰写，提高专业实践能力				
任务	1. 熟练掌握银行沙龙活动方案设计的撰写技能； 2. 了解本次活动开展的背景及市场情况； 3. 分析并确定新产品的特点、进行 SWOT 的分析，确定活动对象、推广目标及策略等； 4. 确定并撰写××银行常胜路支行五一沙龙活动方案设计				
实施步骤	1. 确定选题并收集××银行常胜路支行的公关现状和其他金融企业的竞争情况相关资料； 2. 初步确认××银行常胜路支行五一沙龙活动设计； 3. 撰写××银行常胜路支行五一沙龙活动方案并修改； 4. 确定××银行常胜路支行五一沙龙活动方案，完成毕业设计成果				
主要方法	实地调查法、文献资料收集法				

高职毕业设计指导手册（财经商贸类）

进度安排	1. 2023 年 11 月 1 日—2024 年 2 月 1 日：收集资料，根据实习情况和毕业设计备选题目表，确定选题，并完成毕业设计任务书； 2. 2024 年 2 月 2 日—2024 年 4 月 25 日：根据毕业设计目的，进行相应的数据调研及资料收集整理，进行毕业设计总体框架构思，完成毕业设计初稿； 3. 2024 年 4 月 26 日—2024 年 5 月 20 日：在老师指导下进一步修改毕业设计初稿； 4. 2024 年 5 月 21 日—2024 年 6 月 1 日：确定××银行常胜路支行五一沙龙活动方案设计，完成毕业设计成果并答辩
成果表现形式	□产品设计　　□工艺设计　　☑方案设计
参考文献	[1] 薛仲村. 光大银行兰州分行个人财富管理业务营销策略的优化研究［D］. 兰州：兰州理工大学，2023. [2] 崔海涛. 金融科技对商业银行绩效影响研究［J］. 企业改革与管理，2024，(6)：111-113. [3] 桑玉晶. 平安银行兰州分行复杂投融业务营销策略优化研究［D］. 兰州：兰州大学，2023.
指导教师 意见	 指导教师（签名）： 年　月　日
教研室 审查意见	 教研室主任（签名）： 年　月　日

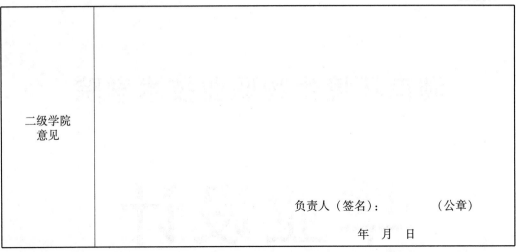

注: 1. 该表作为下达毕业设计任务的依据, 由指导老师指导学生填写, 经所在教研室讨论, 二级学院负责人签名后生效; 2. 此表一式二份, 一份二级学院存档, 一份教研室存档; 3. 签名、盖章后的电子档上传。

湖南环境生物职业技术学院

毕业设计

××银行常胜路支行五一沙龙活动方案设计

院　　　系：　　　商学院　　　

学 生 姓 名：＿＿＿＿＿＿＿＿＿＿

校内指导老师：＿＿＿＿＿＿＿＿＿＿

校外指导老师：＿＿＿＿＿＿＿＿＿＿

年 级 专 业：＿＿＿＿＿＿＿＿＿＿

2024 年 5 月

目　录

第八章　金融科技应用专业毕业设计示例

××银行常胜路支行五一沙龙活动方案设计

　　近年来，随着金融科技的快速发展，银行面临诸多挑战和机遇。为了加强××银行常胜路支行与客户沟通和互动，同时提高客户满意度和忠诚度，特开展本次银行沙龙活动，以此塑造银行的品牌形象。

1　××银行常胜路支行概况

1.1　××银行简介

　　××银行成立于1987年，是中国改革开放中最早成立的新兴商业银行之一，总资产为90 528.45亿元，是中国最早参与国内外金融市场融资的商业银行。××银行坚持服务实体经济，稳健经营，与时俱进。经过30多年发展，已成为一家总资产规模超过8.5万亿元、员工人数超过6万名，具有强大综合实力和品牌竞争力的金融集团。

1.2　××银行常胜路支行地理位置

　　××银行常胜路支行作为××银行在衡阳地区的一家分支机构，成立于2013年，位于湖南省衡阳市蒸湘区××路××号××小区D栋1、2楼，为当地居民提供金融服务已有较长时间，致力于为当地客户提供优质的金融服务。

1.3　SWOT分析

　　××银行常胜路支行的SWOT分析见表1。

表1　××银行常胜路支行的SWOT分析

优势（Strength）	劣势（Weakness）
（1）××银行作为全国性商业银行之一，拥有较高的市场知名度和客户信任度。 （2）丰富的金融产品和服务，包括个人和企业银行业务、财富管理、投资银行等多元化服务。 （3）地理位置优势，位于衡阳市蒸湘区，覆盖了一定的商业和居民区域。 （4）依托××集团的综合金融平台，可能与其他金融业务产生协同效应	（1）相对于大型银行，××银行的网点数量可能较少，限制了客户服务的覆盖范围。 （2）与一些互联网银行相比，××银行在金融产品创新方面可能稍显不足。 （3）尽管××银行是一家大型银行，但在国内银行市场中的份额仍然有限，××银行需要进一步扩大市场份额。 （4）面临激烈的市场竞争，需要不断提升服务质量和创新能力
机遇（Opportunity）	挑战（Threat）
（1）衡阳地区经济增长带来的金融业务需求增加。 （2）金融科技的发展为银行业务创新和提升服务效率提供了机会。 （3）××银行可以进一步拓展与××集团其他业务的合作，实现资源共享和优势互补。 （4）随着监管政策的调整和变化，银行业务可能有更多的创新和发展空间	（1）竞争对手的激烈竞争，可能导致市场份额下降和客户流失。 （2）金融科技公司的崛起，可能对传统银行业务产生冲击。 （3）监管政策的严格和变化，可能对银行业务产生限制和不确定性。 （4）经济环境的不稳定，如经济增长放缓、金融市场波动等，可能对银行业务产生负面影响

　　××银行常胜路支行在SWOT分析中展现出其独特的优势，包括××银行的强大品牌影响力、多元化的金融产品和服务，以及位于衡阳市蒸湘区的地理优势。然而，该支行也具有一些劣势，如网点数量相对较少和市场份额有限等问题。在机遇方面，随着衡阳地区经济增长和金融科技的发展，以及××集团内部业务的协同效应，该支行有望

进一步扩大市场份额和提升服务质量。然而，该支行也面临激烈的市场竞争、金融科技公司的崛起以及监管政策变化等威胁。

1.4　××银行竞争对手分析

××银行常胜路支行竞争对手分析见表2。

表2　××银行常胜路支行竞争对手分析

名称	竞争度	特色
招商银行	招商银行是国内知名的金融品牌，与××银行均以"中小企业金融服务"为主要经营策略，在品牌竞争上形成激烈的对决	在金融产品创新方面表现突出 注重客户服务体验
交通银行	交通银行是中国的大型商业银行之一，在资产规模、资产质量、盈利能力和发展速度等方面均表现出色，与××银行处于同一竞争梯队	服务网络广泛 业务范围多元化 企业规模大
长沙银行	长沙银行作为地方性城市商业银行，在湖南地区具有较强的影响力，在服务质量与客户满意度、地域特色与区域竞争力等方面的竞争力较强	在特定市场领域有深厚的积累和竞争优势 具有地域特色与区域竞争力

2　沙龙活动方案设计

2.1　方案设计背景

劳动节假期为5月1日—5月3日，加上周末两天的双休日，一共有着五天时间的小长假，并且4月30日，是大部分白领以及工人们的发薪日，人们应当会选择劳动节假期来到银行办理存款业务，因此××银行常胜路支行可以利用这段客流量大的时间，开展推广企业形象的公关活动，以提升门店业务成交率和客户满意度。

2.2　活动主题

"五一财富增值，金融知识共学"。

2.3　活动时间

2024年5月1日—2024年5月5日。

2.4　活动地点与活动对象

地点：湖南省衡阳市蒸湘区××银行常胜路支行。

对象：××银行常胜路支行优质客户、长期客户以及潜在客户等。

2.5　活动目的

（1）增强市民的金融意识，提升市民的金融素养；

（2）推广银行产品与服务，塑造银行的品牌形象，从而提升企业竞争优势；

（3）增进银行与客户之间的关系，提高客户黏性；

（4）提升客户对企业的认知，拓展与客户之间的交流。

2.6　活动宣传方式

（1）网银App官网首页宣传，微信小程序推广；

（2）支行门口设立横幅，内部电子屏进行投影；

（3）线下推广员进行传单的发放；

（4）通过电话与短信对客户进行邀约。

2.7 活动前期准备

（1）将活动所需 PPT、讲义准备妥当，为参与者提供讲座内容的纸质版资料，以方便他们随时查阅；

（2）布置好活动场地，装配气球、彩灯以及礼花等营造活动良好氛围的场景道具；

（3）活动场内设施和电子设备提前检查，提前筹备好消防器材并疏通安全通道，谨防安全事故；

（4）筹备好活动中的互动环节，准备好礼品等活跃气氛的道具，使得参与活动的客户更有参与感；

（5）设置好抽奖轮盘，并将各项抽奖礼品准备妥当。

2.8 方案实施

步骤1：开场与欢迎环节。

（1）主持人简要介绍活动的目的、背景以及参与人员。

（2）银行领导对参与者的到来表示欢迎，并介绍银行在金融服务方面的承诺和优势。

步骤2：金融知识讲座环节。

（1）邀请金融专家对当前经济形势进行深入浅出的分析，帮助参与者了解宏观经济环境。

（2）专家讲解投资理财的基础知识，包括资产配置、风险控制等。

（3）银行工作人员介绍本行的金融产品和服务，特别是与活动主题相关的理财产品。

步骤3：互动问答环节。

（1）设置一系列与金融知识相关的问题，参与者回答正确可获得活动小礼品和积分。

（2）邀请银行客户和专家分享他们的投资经验和心得，为其他参与者提供借鉴。

步骤4：幸运大抽奖环节。

（1）参加沙龙活动的客户均可获得一次抽奖机会，主持人引导活动现场客户参与抽奖，中奖号码随机。

（2）设置不同种类的奖项，如一等奖（价值较高的礼品，如电子产品、旅游套餐等）、二等奖（价值中等的礼品，如家居用品、购物卡等）、三等奖（价值较低的礼品，如银行定制纪念品、文具套装等）。

（3）参与抽奖客户须参与本次沙龙活动。

步骤5：理财产品推荐与咨询环节。

（1）展示银行各类理财产品，重点介绍与活动主题相关的产品。

（2）银行工作人员为参与者提供一对一的理财产品咨询服务，解答他们的疑问。

步骤6：闭幕与总结环节。

（1）主持人对活动进行总结，回顾各个环节的精彩瞬间。

（2）邀请获奖者上台领奖，并由银行领导和主持人颁发奖品。

（3）银行领导再次感谢参与者的到来，并表达银行对客户的感激之情。

（4）为参与者发放礼品或纪念品，体现活动的真实性。

2.9 活动资金预算

活动资金预算见表 3。

表 3　活动资金预算

费用名称	数量	单价/元	合计/元
横幅/张	1	50	50
传单/张	800	0.3	240
赠送礼品/份	50	20	1 000
传单派发人员工资/人	4	300	1 200
专家/人	1	2 500	2 500
道具筹备	20	30	600
一等奖	1	800	800
二等奖	6	300	1 800
三等奖	15	50	750
宣传设计成本/元	300		300
合计		9 240	

3　小结

银行经营成本是较高的，想要塑造优良的企业形象，需要企业开展良好的公关活动，同时将企业与客户促成一种良好的双向交流。本次毕业设计从××银行常胜路支行的实际情况出发，对该支行优质客户、长期客户以及潜在客户等进行了知识拓展和产业推广等多方面展示，从而让更多的客户对金融知识以及该支行的企业文化进行了解，有效地促进了银行与客户之间的交流与发展。

参考文献

［1］薛仲村.光大银行兰州分行个人财富管理业务营销策略的优化研究［D］.兰州：兰州理工大学，2023.

［2］崔海涛.金融科技对商业银行绩效影响研究［J］.企业改革与管理，2024（6）：111-113.

［3］桑玉晶.平安银行兰州分行复杂投融业务营销策略优化研究［D］.兰州：兰州大学，2023.

［4］周鹏.农商银行手机银行农村推广策略研究［D］.长沙：中南大学，2022.

［5］侯立.银行贷款产品推广模式［J］.销售与市场（管理版），2024（1）：67-69.

示例 2　陈女士家庭理财方案设计

湖南环境生物职业技术学院毕业设计任务书

选题名称	陈女士家庭理财方案设计			
学生姓名	×××	学号	×××	专业班级　213 金融科技应用 1 班
指导教师	校内	×××	职称	×××
	校外	×××	职称	×××
起止时间	2023 年 11 月 1 日—2024 年 6 月 1 日			
目的	结合顶岗实习单位情况及岗位实践，拟选择"陈女士家庭理财方案设计"为毕业设计题目，目的在于把在校所学专业知识运用到所从事工作中，提高解决实际工作中分析问题和解决问题的能力，并能为企业创造一定的价值			
任务	1. 了解个人理财的基本理论文献； 2. 了解个人理财方案的基本写法； 3. 查阅有关财务分析和资产配置的文献资料； 4. 完成毕业设计资料收集和整理，撰写毕业设计初稿； 5. 在老师的指导下进行方案修正和完善，完成毕业设计定稿和答辩			
实施步骤	1. 确定选题。根据实习单位的业务内容和自身工作实践确立毕业设计选题。 2. 调查分析。了解实习单位的基本情况，熟悉实习单位业务。围绕毕业设计选题拟定调查提纲，线上线下收集与选题相关的资料。 3. 设计阶段。分析整理资料，在校内和企业指导老师的共同指导下，形成写作思路，开始进行毕业设计。 4. 定稿答辩。在指导教师的帮助下优化毕业设计并定稿，完成与毕业设计答辩相关的工作			
主要方法	文献资料收集法、实地调查法、专家访谈法			
进度安排	1. 选题阶段（2023 年 11 月—2023 年 12 月）：确定选题，撰写毕业设计任务书。 2. 调研阶段（2024 年 1 月—2024 年 2 月）：完成企业现场调研和文献查阅、资料收集整理工作。 3. 写作阶段（2024 年 2 月—2024 年 5 月）：撰写毕业设计作品初稿、二稿及定稿。 4. 成果整理及答辩阶段（2024 年 5 月—2024 年 6 月）：整理毕业设计成果资料，完成毕业设计答辩			
成果表现形式	□产品设计　　□工艺设计　　☑方案设计			
参考文献	[1] 柯静. 家庭投资理财 ABC [J]. 时代金融，2022（11）：77-79. [2] 吕斌. 个人理财理论规划与实务 [M]. 上海：上海大学出版社，2023. [3] 张红. 财务管理 [M]. 北京：清华大学出版社，2023. [4] 薛涛. 家庭投资理财之道 [J]. 国际市场，2022（11）：11-13. [5] 肖莹. 杜邦体系与财务报表分析新探 [J]. 财会通讯，2023（20）：106-109.			

指导教师 意见	
	指导教师（签名）： 年　月　日
教研室 审查意见	
	教研室主任（签名）： 年　月　日
二级学院 意见	
	负责人（签名）：　　　　　（公章） 年　月　日

注：1. 该表作为下达毕业设计任务的依据，由指导老师指导学生填写，经所在教研室讨论，二级学院负责人签名后生效；2. 此表一式二份，一份二级学院存档，一份教研室存档；3. 签名、盖章后的电子档上传。

第八章　金融科技应用专业毕业设计示例

湖南环境生物职业技术学院

毕业设计

陈女士家庭理财方案设计

院　　　系：＿＿＿＿商学院＿＿＿＿

学 生 姓 名：＿＿＿＿＿＿＿＿＿＿

校内指导老师：＿＿＿＿＿＿＿＿＿＿

校外指导老师：＿＿＿＿＿＿＿＿＿＿

年 级 专 业：＿＿＿＿＿＿＿＿＿＿

2024 年 5 月

目　录

第八章　金融科技应用专业毕业设计示例

陈女士家庭理财方案设计

1 方案的背景与意义

俗话说："你不理财，财不理你。"随着经济的发展，社会的进步，人们的理财意识也越来越强。尤其是经历了新型冠状病毒感染疫情冲击之后，人们越来越感到实现家庭财富的保值增值是必不可少的。加之人口老龄化趋势和住房、教育开支的日益增加，理财规划就显得越来越重要。本人在实习期间遇到很多客户咨询家庭理财事宜，故结合所学专业知识为客户做理财规划。下面以客户陈女士为例，根据陈女士的家庭情况、财务状况和理财需求为其制订了一份综合理财规划方案。该方案的实施将有效提高陈女士家庭的抗风险能力和家庭资产的收益，实现陈女士的理财目标（为避免泄露隐私，本方案隐去客户及家庭成员真实姓名）。

2 家庭财务信息

2.1 家庭基本情况

陈女士是长沙人，今年40岁，在民营制造业企业任职。家庭成员共6人，丈夫李某39岁，是某国有企业中层干部，公公、婆婆皆为国有企业退休人员，每月按时领取退休金，一对双胞胎女儿都在读小学六年级。家庭基本情况见表1。

表1 家庭基本情况

家庭成员	年龄	健康状况	工作（学习）单位	职业/职位	有无稳定收入	自有住房/租房
陈女士	40	健康	民营企业	文员	有	自有住房
丈夫	39	健康	国有企业	中层干部	有	自有住房
公公	68	健康	国有单位	退休	有	自有住房
婆婆	67	健康	国有单位	退休	有	自有住房
大女儿	11	健康	小学	学生	无	自有住房
小女儿	11	健康	小学	学生	无	自有住房

由上表可见，陈女士家庭属于典型的中产家庭，老、中、青三代人员结构均衡，收入稳定，健康状况良好。

2.2 财务状况

陈女士每月工资收入8 000元左右，年底加上奖金，扣除个人所得税后年收入为12.4万元。丈夫税后年收入为16万元。公公婆婆两人每月都有退休金且另有住房，不用负担。家里养育双胞胎女儿，陈女士和丈夫名下拥有一套价值112万元的房子自住，还有11万元的贷款没还完，按等额本息还款法还款，每个月需要还4 000元。家庭还拥有一辆小轿车，价值12万元，全款购入，但是养车每年花费3万元，其中保险费5 000元，其他的加油费、洗车费和保养费总计为2.5万元。在银行的活期加上定期储蓄一共有20万元，家里现金1万元，股票市值15万元，家庭日常开销6 000元/月，两个女儿每年的教育费用共计20 000元，为保证家庭生活质量，陈女士每年都会带家人出去旅行一次，费用为 15 000 元。

根据陈女士的家庭财务信息，列出家庭资产负债表和收入支出表，分别见表 2、表 3。

表 2　资产负债表

单位：元

资产	金额	负债	金额
现金	10 000	住房贷款	110 000
银行存款	200 000		
其他金融资产	150 000		
房屋	1 120 000	负债总计	110 000
资产总计	1 480 000	净资产	1 370 000

表 3　收入支出表

单位：元

收入	金额	支出	金额
工资奖金	284 000	债务支出——房贷	48 000
		日常支出	72 000
		其他支出	65 000
收入总计	284 000	支出总计	184 000
结余	100 000		

注：文中所指收入均为税后收入。

3　家庭财务分析

3.1　财务比率分析

根据前面所列财务报表，运用个人或家庭理财中常用的 6 大财务比率分析指标进行分析，见表 4。

表 4　财务比率分析指标

序号	财务比率	计算公式	意义	参考值
1	结余比率	结余/税后收入	提高净资产的能力	不低于 0.3
2	投资与净资产比率	投资资产/净资产	提高净资产的主要途径	0.5 左右
3	清偿比率	净资产/总资产	综合偿债能力	高于 0.5
4	负债比率	负债总额/总资产	综合偿债能力	低于 0.5
5	财务负担比率	债务支出/税后收入	财务状况良好程度	低于 0.4
6	流动性比率	流动性资产/每月支出	支出能力的强弱	3~6

计算陈女士家庭的各项财务比率指标，得到表 5。

表 5   陈女士家庭财务比率计算结果

序号	财务比率	计算结果	对比参考值是否合理
1	结余比率	0.35	合理
2	投资与净资产比率	0.11	偏低
3	清偿比率	0.93	偏高
4	负债比率	0.07	偏低
5	财务负担比率	0.17	合理
6	流动性比率	13.70	偏高

从上表可以得出结论：

（1）陈女士家庭财产的结余比率和财务负担比率都在合理范围，说明家庭的财务状况健康，没有可用资金不足的压力。

（2）投资与净资产比率偏低较多，说明陈女士的家庭理财投资意识较弱，家庭财产保值增值较差。

（3）偏高的清偿比率、流动性比率和偏低的负债比率。从好的方面来说，偿债能力很强，拥有很好的抗风险能力；从不好的方面来说，该家庭闲置资产过多，降低了投资获益的概率，也说明没有合理利用财务杠杆的作用，影响了资产保值增值。

总体来说，陈女士家庭财务状况良好，只是家庭资产利用率不高，应当加大投资，实现收益最大化和理财最优化。

3.2   风险承受能力分析

如前所述，陈女士家庭在财务上具有较强的抗风险能力，但风险承受能力还需要综合考虑年龄、职业、家庭、知识、经验、心理等因素。借助比较常用的简易风险承受能力评估表对陈女士家庭进行风险承受能力评估，见表 6。

表 6   陈女士家庭风险承受能力评估

分值	10分	8分	6分	4分	2分	得分
年龄	总分50分，25岁以下50分，每多一岁少1分，75岁以上0分					35
就业状况	公务员	上班族	佣金收入	自营事业	失业	8
家庭负担	未婚	双薪无子女	双薪有子女	单薪无子女	单薪有子女	6
置业情况	投资不动产	自宅无房贷	房贷<50%	房贷>50%	无自宅	6
投资经验	10年以上	6~10年	2~5年	1年以内	无	6
投资知识	有专业证照	财经类专业	自修有心得	略懂一些	一无所知	4
总分						65

最终陈女士家庭的风险承受能力测试分数为 65 分，处于 60~79 分之间，属于中等承受能力。需要完善投资结构，增加收益，在资产配置时要提高中等收益的理财比重。

4 理财规划

4.1 家庭理财目标

经过前面的财务分析和与陈女士的双向沟通，我们从短期和中长期明确了陈女士家庭理财的目标。

（1）短期目标：购买一套价格适中的房产，降低对现金及现金等价物的持有，提高资金的使用率。适量增加对保险的投资，提供人身风险保障。

（2）中长期目标：完善投资结构，拓宽收益渠道，投资目标主要从基金、股票、债券方向规划。准备好孩子上中学和大学的教育费用。

4.2 实施规划

根据家庭理财目标，拟从现金、购房、保险、证券和教育五个方面进行规划实施。

4.2.1 现金规划

现阶段，陈女士家庭流动性比率高达13.7，大大影响了资产的收益性。建议留50 000元备用金，其中5 000元留作银行活期存款，45 000元用来购买货币基金，因为货币基金相对较为灵活，而且不需要手续费和申购与赎回费，同时收益又高于同期存款。

4.2.2 购房规划

陈女士的老家在张家界市，可以考虑在张家界市购买一套房子，张家界市的房价均价4 500元/平方米，100平方米是450 000元。准备40%的首付也就是180 000元。家庭现阶段有210 000元存款，所以可以在本年支付首付，房贷由当年收入偿还，见表7。

表7　房贷明细

贷款形式	房子总价/元	首付/元	每月还款/元	每年还款/元	贷款年限/年
商业贷款	450 000	180 000	1 531.43	18 377.16	20

4.2.3 保险规划

陈女士家庭除社保和车险之外，未购买任何商业保险。对养老、疾病、意外等人身风险，仅靠社保是远远不够的。所以，需要为家人购买一些商业人寿保险来提高人身保障程度。应遵循保险的"双十"原则，即保险额度不要超过家庭收入的10倍，以及家庭总保费支出占家庭年收入10%为宜。据此计算，陈女士家庭每年保费支出为3万元左右，保额为300万元左右，可以按表8进行保险投入。

表8　家庭保险规划　　　　　　　　　　单位：元

保险名称	险种	被保险人	保费	缴费方式	保额	保障期限
××健康保障计划	重疾险	陈女士夫妇	4 800	年付	200 000	1年
××重疾	重疾险	陈女士	3 300	年付	500 000	到70岁
××尊享E生2023	百万医疗险	陈女士夫妇	7 800	年付	1 000 000	1年

保险名称	险种	被保险人	保费	缴费方式	保额	保障期限
××尊享 E 生 2023	百万医疗险	陈女士女儿	7 500	年付	1 000 000	1 年
××万元保 2023	住院医疗险	陈女士全家	3 200	年付	10 000	1 年
××大互惠	意外险	陈女士公婆	3 500	年付	500 000	1 年
合计			30 100		3 210 000	

4.2.4 证券规划

陈女士所投资对象全是股票是不科学的，没有考虑风险和收益最优配比，应分散投资于各种类型证券，增加基金的持有，构建合理的投资结构。投资规划明细见表9。

表9 投资规划明细

种类	建议产品	购买金额 /元	购买比例/%	预计投资 回报率/%
股票	××重工	32 000	21.33	9
股票	××医药	10 000	6.67	9
股票	××实业	28 000	18.67	9
基金	××竞争优势 企业混合 A	450 000	30	11
基金	××混合 A 基金	35 000	23.33	11
合计		150 000	100	10.07

4.2.5 教育规划

因陈女士育有两女，所以要为两个女儿筹集教育费用，来保证他们高中及大学的教育经费。当前，陈女士的两个女儿还在读六年级，因为初高中的费用支出与现阶段相差不大，家庭收入足以支付，但大学及研究生阶段的费用要远高于现阶段，所以要考虑的教育规划是大学及研究生阶段，应该建立一个教育基金，提早准备两个女儿的教育费用。如果女儿们未来都上公立本科以及考上全日制研究生，假设当前大学本科学费是 5 000 元/年，全日制研究生学费是 8 000 元/年，国内学费增长率为3%，估计未来学费情况如表 10 所示。

表 10 学费估算 单位：元/年

学习阶段	学费类型	数值	合计
大学本科	当前学费	5 000	10 000
	6 年后的预期学费	5 970.24	11 940.48
研究生	当前学费	8 000	16 000
	10 年后的预期学费	10 438.1	20 876.2

根据年金现值计算，从当前开始每年应计提教育基金 16 408.34 元作为教育基金。

5 效果评估

通过上述对陈女士家庭理财进行规划，对其可行性进行评估，围绕收入支出表和资产负债表前后比较。

5.1 收入支出表预测

规划后的收入支出见表 11。

表 11 规划后的收入支出

收入	金额/元	百分比/%	支出	金额/元	百分比/%
工资奖金	284 000	96.62	第一套房贷	48 000	19.59
			第二套房贷	18 377.1	7.50
投资收入	15 100	3.78	保险支出	30 100	12.4
			教育规划	10 000	4.49
			日常支出	72 000	29.39
			其他支出	65 000	26.53
收入合计	399 100	100	支出总计	243 477	100
结余			153 123		

5.2 资产负债表预测

规划后的资产负债表见表 12。

表 12 规划后的资产负债表　　　　　　　　　　　　单位：元

资产	金额	负债	金额
活期存款	5 000	住房贷款	425 000
货币市场基金	25 000	其他负债	0
现金与现金等价物小计	30 000	负债总额	425 000
股票	100 000		
基金	50 000		
其他金融资产小计	150 000	净资产	1 325 000
房产	1 450 000		
车产	120 000		
个人资产小计	1 570 000		
资产总计	1 750 000	负债与净资产总计	1 750 000

从规划后的收入支出表和资产负债表来看，不管是年度结余还是净资产和资产总计都实现了增长，各项财务比率都更趋于合理，财务状况健康，流动资产得到了充分的利用，家庭财产实现了较为理想的保值增值。

当然，每个家庭在不同的阶段，遇到的问题不同，对理财内容的具体需要也不同，例如：陈女士家庭第一套房产的贷款还完后，应该考虑如何处置这笔资金实现收益最大化？女儿们长大后有了自己的想法想出国留学，该怎样筹集这笔出国资金？所以，根据当前家庭财务状况制订的理财方案只是相对静态的。之后需要根据影响财务状况的客观因素的变化不断进行调整，才能更好地满足客户家庭理财的需要。

参考文献

[1] 柯静. 家庭投资理财 ABC [J]. 时代金融，2022 (11)：77-79.

[2] 吕斌. 个人理财理论规划与实务 [M]. 上海：上海大学出版社，2023.

[3] 张红. 财务管理 [M]. 北京：清华大学出版社，2023.

[4] 薛涛. 家庭投资理财之道 [J]. 国际市场，2022 (11)：11-13.

[5] 肖莹. 杜邦体系与财务报表分析新探 [J]. 财会通讯，2023 (20)：106-109.

示例 3　××国际贸易有限公司投资风险防范方案

湖南环境生物职业技术学院毕业设计任务书

选题名称	××国际贸易有限公司投资风险防范方案			
学生姓名	×××	学号	×××	专业班级	213 金融科技应用 1 班
指导教师	校内	×××	职称	×××
	校外	×××	职务	×××
起止时间	2023 年 11 月 1 日—2024 年 6 月 1 日			
目的	结合顶岗实习单位情况及实习岗位实践，拟选择《××国际贸易有限公司投资风险防范方案》为毕业设计选题，旨在提高运用专业所学发现问题、分析问题、解决问题的能力			
任务	1. 熟练掌握方案撰写技巧。 2. 全面了解××国际贸易有限公司相关情况。 3. 深度理解投资风险防范相关知识。 4. 为××国际贸易有限公司设计投资风险防范方案			
实施步骤	1. 确定选题。根据实习单位的业务内容和自身工作实践确立毕业设计选题。 2. 调查分析。了解实习单位的基本情况，熟悉实习单位业务。围绕毕业设计选题拟定调查提纲，线上线下收集与选题相关资料。 3. 设计阶段。分析整理资料，在校内和企业指导老师的共同指导下，形成写作思路，开始进行毕业设计。 4. 定稿答辩。在指导教师的帮助下优化毕业设计并定稿，完成毕业设计答辩的相关工作			
主要方法	文献研究法、实地调研法、比较分析法、个案分析法			
进度安排	1. 选题阶段（2023 年 11 月—2023 年 12 月）：确定选题，撰写毕业设计任务书。 2. 调研阶段（2024 年 1 月—2024 年 2 月）：完成企业现场调研和文献查阅、资料收集整理工作。 3. 写作阶段（2024 年 2 月—2024 年 5 月）：撰写毕业设计作品初稿、二稿及定稿。 4. 成果整理及答辩阶段（2024 年 5 月—2024 年 6 月）：整理毕业设计成果资料，完成毕业设计答辩			
成果表现形式	□产品设计　□工艺设计　√方案设计			
参考文献	［1］杨冬玉. HC 公司投资风险防范对策研究［D］. 哈尔滨：哈尔滨工业大学，2022. ［2］朱雪莹. 企业财务管理中金融投资风险与应对措施［J］. 纳税，2023，（17）：82-84. ［3］李怡. 企业投资项目风险分析及防范［J］. 老字号品牌营销，2022（15）：52-54. ［4］刘妙玉. X 公司财务风险分析与防范［J］. 商场现代化，2021（21）：154-156.			

选题名称	××国际贸易有限公司投资风险防范方案
指导教师 意见	指导教师（签名）： 年　月　日
教研室 审查意见	教研室主任（签名）： 年　月　日
二级学院 意见	负责人（签名）：　　　　（公章） 年　月　日

注：1. 该表作为下达毕业设计任务的依据，由指导老师指导学生填写，经所在教研室讨论，二级学院负责人签名后生效；2. 此表一式二份，一份二级学院存档，一份教研室存档；3. 签名、盖章后的电子档上传。

湖南环境生物职业技术学院

毕业设计

××国际贸易有限公司投资风险防范方案

院　　　　系：＿＿＿＿商学院＿＿＿＿

学 生 姓 名：＿＿＿＿＿＿＿＿＿＿

校内指导老师：＿＿＿＿＿＿＿＿＿＿

校外指导老师：＿＿＿＿＿＿＿＿＿＿

年 级 专 业：＿＿＿＿＿＿＿＿＿＿

2024 年 5 月

目　录

××国际贸易有限公司投资风险防范方案

随着市场环境的日趋复杂和市场竞争的日趋剧烈，投资风险问题已经成为企业运营过程中需要积极面对和慎重解决的重大问题之一。企业在运营过程中应高度重视投资风险防范，切实建立健全的风险管理机制和体系，为企业的长期稳定发展提供有力保障。

1　方案设计目的

本设计旨在结合自身专业所学为××国际贸易有限公司撰拟一份切实可行的投资风险防范方案，帮助其更好地应对投资风险。

2　方案设计思路

首先，全面了解××国际贸易有限公司的相关情况；其次，对照投资风险相关理论查找××国际贸易有限公司可能存在的投资风险并对产生的原因进行深度分析；最后，结合专业所学为××国际贸易有限公司制订投资风险防范方案。

3　方案设计依据

3.1　××国际贸易有限公司背景依据

成立于 2016 年 7 月的××国际贸易有限公司近年来以其广泛的产品线、多元化的市场布局和积极向上的企业文化展现出强劲的发展势头。目前，该公司主营汽车配件、摩托车配件、家居、工业工具等品类，客户辐射北美洲、欧洲、东南亚等国家和地区。该公司注重人文关怀，追求个人与企业的共同发展，秉承"不断传输优质产品和服务"的经营理念，致力于向大型电商集团迈进。

3.2　投资风险理论依据

投资风险会给企业带来诸多不良影响，投资风险防范于企业的生存发展而言意义重大。

3.2.1　保护本金安全

投资风险小则可能带来本金的损失，投资风险大则可能导致企业的破产。有效的风险防范有利于保护本金安全。

3.2.2　稳定投资回报

有效的风险防范有助于减少投资回报的不确定性和波动性，提高投资回报的稳定性。

3.2.3　优化资源配置

当投资风险得到有效管理时投资者可以获得更稳定的回报，这种稳定性会影响资金走向，从而促进资源的优化配置。

3.2.4　促进长期投资

投资风险的存在往往使得投资者对长期投资持谨慎态度，当投资者意识到可以通过有效的风险防范来降低风险时就有可能采取长期投资策略。

4　方案设计主体

4.1　××国际贸易有限公司投资风险情况简介

××国际贸易有限公司存在的投资风险涉及诸多方面，详情如表 1 所示。

表1 ××国际贸易有限公司投资风险情况简介

序号	主要风险	具体内容	详细描述	备注
1	市场风险	市场竞争风险	随着国际贸易和电子商务的快速发展，市场竞争日益激烈，××国际贸易有限公司需要面对来自国内外众多同行的挑战	
		市场需求风险	市场需求的不确定性和变化性也是投资风险之一。如若××国际贸易有限公司的产品或服务的市场需求突然下降，很有可能会导致销售下滑和库存积压	
2	供应链风险	供应商风险	供应商的稳定性至关重要，如若××国际贸易有限公司的供应商出现供货延迟等问题，很大程度上会对公司造成不利影响	
		物流成本风险	国际贸易涉及跨国物流，运费上涨、运输延误等物流成本波动可能会增加××国际贸易有限公司的运营成本，降低其利润空间	
3	财务风险	流动资金风险	××国际贸易有限公司需要一定的流动资金支持日常运营和扩大再生产，如果资金链紧张或融资困难，可能会影响其正常运营和发展	
		汇率风险	汇率的变动有可能会给××国际贸易有限公司带来汇兑损失等问题，对公司运营造成不良影响	
4	法规政策风险	合规经营风险	如果××国际贸易有限公司在运营过程未能严格遵守贸易法规、税收法规等国内外相关法律法规，则可能面临法律风险和罚款等	
		政策变化风险	国际贸易政策的调整会对××国际贸易有限公司产生影响，如关税政策、贸易壁垒的增加或减少都可能影响公司的进出口业务	
5	内部管理风险	人才流失风险	××国际贸易有限公司如若无法提供有吸引力的职业发展前景以及有竞争力的薪酬福利待遇，很有可能会导致人才的流失	
		运营管理风险	在实际商业环境中，企业内部控制是相当重要的环节。××国际贸易有限公司如若在企业内部控制方面出现失误，很大程度上会导致效率低下和成本上升	

4.2 ××国际贸易有限公司投资风险原因分析

导致××国际贸易有限公司出现上述投资风险的主要原因如表2所示。

表2 ××国际贸易有限公司投资风险原因分析

序号	主要风险	主要原因	详细描述	备注
1	市场风险	市场竞争激烈	国际贸易市场竞争激烈，××国际贸易有限公司需要挑战来自国内外的众多竞争对手，新产品新技术也层出不穷	
2	供应链风险	供需关系复杂	国际贸易行业的供需关系复杂多变，市场供应过剩或需求不足都可能导致××国际贸易有限公司的产品价格出现波动	
3	财务风险	现金流量不足	负债过高或现金流量不足，可能增加××国际贸易有限公司的偿债风险并限制其发展。另外，作为国际贸易企业，汇率的波动也会直接影响××国际贸易有限公司进出口业务的成本和收益	
4	法规政策风险	贸易政策变化	国际贸易政策的变化，如关税调整、贸易壁垒的设置等都可能对××国际贸易有限公司的合规合法经营产生影响	
5	内部管理风险	内控重视不够	公司的内部控制重视程度直接影响其运营效率和盈利能力，××国际贸易有限公司对企业内控重视不够，很大程度上会影响公司的生存和发展	

4.3 ××国际贸易有限公司投资风险防范策略

××国际贸易有限公司在运营过程中应关注市场动态、加强供应链管理、优化财务管理、重视政策变化及内部管理，采取有效策略应对可能存在的投资风险。

4.3.1 市场风险防范策略

4.3.1.1 加强市场研究与分析

密切关注市场动态，根据竞争对手的实时动态和消费者的需求变化及时调整市场策略。深入分析目标市场，对目标市场的消费者偏好、购买力、文化背景等进行深入研究，确保产品和服务的市场适应性。合理运用现代技术，借助数字化手段进行深度的数据挖掘和精准的数据分析。

4.3.1.2 加强多元化市场开拓

在巩固现有市场份额的基础上积极进行新市场的开发工作，变单一为多元，可有效规避市场风险。针对不同的细分市场精准制订差异化营销策略和本地化服务方案，提高市场渗透率和综合竞争力。

4.3.1.3 加强与国际伙伴的合作

××国际贸易有限公司应与国际知名企业建立战略合作关系，共同开拓市场、共享资源和技术成果，降低市场风险并提高竞争力。

4.3.2 供应链风险防范策略

4.3.2.1 优化供应商管理

从产品质量、技术实力、服务能力、财务状况、信誉程度、价格合理性、交货准时性等方面明确供应商选择标准。对供应商进行全面审核和评估，包括现场考察、样品测试、历史业绩分析等，选择与符合标准且能够长期合作的供应商建立合作关系。建立定期的供应商沟通机制，如定期开展月度或季度会议，讨论合作进展及未来计划。借助供应商管理系统（SRM），实现信息共享和实时沟通，提高协作效率。

4.3.2.2 完善库存管理

利用先进的市场需求预测软件工具进行市场需求预测，并根据预测结果调整库存策略，在市场需求低迷时适当减少库存量，在市场需求旺盛时适当增加库存量，合理规避库存积压和缺货风险。定期盘点库存以便及时发现和解决库存异常问题。实施库存周转率管理，优先处理滞销产品，减少库存积压风险。

4.3.3 财务风险防范策略

4.3.3.1 合理预测投资效益

根据行业前景的分析预测投资项目在行业中的地位和潜在收益。充分考虑风险和不确定性因素，如市场波动、竞争压力、技术变革等可能对投资项目带来的影响。使用敏感性分析和场景分析等方法，评估不同风险情景下的投资回报。建立合理的假设和模型，包括市场份额、销售增长率、成本结构、资本回报率等关键参数的设定。

4.3.3.2 有效协调筹资风险

建立稳定的资金来源渠道，采取良好的资金管理措施，确保公司能够按时兑付债务和满足资金需求。利用杠杆原理进行风险协调，综合考虑风险与回报的关系，在风险可接受范围内选择适当的杠杆比例以平衡风险与回报并确保公司财务的稳健。

4.3.3.3 定期进行风险评估

定期进行投资风险评估，包括重新评估资产的价值、市场趋势和潜在风险因素并根据评估结果进行适当的投资调整。建立由经验丰富的投资专业人士组成的团队，团队成员应具有良好的市场洞察力和投资决策能力，可以精准地识别和评估潜在的投资风险并且能够及时采取措施有效规避风险。使用套期保值工具来管理金融市场的波动，以减少汇率风险、商品价格波动等带来的不确定性。合理规划和管理资金，确保有足够的流动资金和紧急备用资金，以应对突发事件或投资项目的不利情况，保持财务稳定。

4.3.4 法规政策风险防范策略

4.3.4.1 合规合法运营

密切关注跨境电商政策的最新动态，包括海关监管、税收、支付结算等方面的政策变化，以确保××国际贸易有限公司在速卖通、虾皮等国际交易平台上的业务合规。重视数据安全，保护消费者的隐私，避免因违规操作而面临的法律风险。关注所在行业的产品质量和安全标准变化，确保所售商品符合国内外相关法规的要求，避免因产品质量问题引发的召回、退货等风险。

4.3.4.2 重视政策变化

关注各国对进口商品关税的调整，特别是针对××国际贸易有限公司主营产品（如汽车配件、摩托车配件等）的关税变化，以便及时调整采购和销售策略，降低成本风险。关注与中国签订自由贸易协定的国家及地区，利用关税减让等优惠政策拓展市场。同时也要警惕贸易壁垒的增加，如反倾销、反补贴调查等，提前做好应对准备。关注国家税收政策的调整，特别是与进出口业务、电子商务相关的税收优惠政策，合理利用这些政策降低税负成本，同时还应密切关注退税政策的变化，确保及时申请退税降低资金占用成本。

4.3.5　内部管理风险防范策略

4.3.5.1　提高风险管理能力

加大风险预警系统的建设力度，在实时监测的基础之上对投资风险进行科学预警。针对可能发生的市场风险事件制订详细的应急预案和应对措施，确保在风险发生时能够迅速响应并有效应对。

4.3.5.2　优化产品与服务质量

根据市场需求变化不断研发新产品，严把产品质量关的同时严把服务质量关，通过健全的售后服务体系及时为客户答疑解惑解决难题，全面提升产品口碑和客户体验，有效规避产品质量和服务质量风险。××国际贸易有限公司投资风险防范策略见表3。

表3　××国际贸易有限公司投资风险防范策略

序号	主要风险	防范策略	具体实施	备注
1	市场风险	市场风险防范策略	加强市场研究与分析 加强多元化市场开拓 加强与国际伙伴合作	
2	供应链风险	供应链风险防范策略	优化供应商管理 完善库存管理	
3	财务风险	财务风险防范策略	合理预测投资效益 有效协调筹资风险 定期进行风险评估	
4	法规政策风险	法规政策风险防范策略	合规合法运营 重视政策变化	
5	内部管理风险	内部管理风险防范策略	提高风险管理能力 优化产品与服务质量	

5　方案成效预估

××国际贸易有限公司除采用上述策略进行投资风险防范外，还可以考虑通过加强品牌建设等方式来降低投资风险并提高市场竞争力。需要引起重视的是投资风险的不可完全消除性，公司在实施防范策略的同时应重视风险与回报之间的关系并在风险可接受范围做出明智的决策。可以预见，通过采用有效的投资风险防范策略，××国际贸易有限公司可以最大限度地降低投资风险，获得更好的投资回报，实现其不断发展壮大的目标。

参考文献

［1］杨冬玉. HC 公司投资风险防范对策研究［D］. 哈尔滨：哈尔滨工业大学，2022.

［2］朱雪莹. 企业财务管理中金融投资风险与应对措施［J］. 纳税，2023（17）：82-84.

［3］李怡. 企业投资项目风险分析及防范［J］. 老字号品牌营销，2022（15）：52-54.

［4］刘妙玉. X 公司财务风险分析与防范［J］. 商场现代化，2021（21）：154-156.

［5］张振兴. 基于 FAHP 国有企业创业投资业务的风险管理研究［D］. 济南：山东大学，2022.